U0066949

Tripful

日本・近畿地方

Issue
No.01

宇治　　　　大原　　　　伏見

旅程的每一個深刻瞬間

with

Tripful

Tripful = Trip + Full of

TRIPFUL以新鮮、愉悅、舒適等，在旅行中可以獲得的各種情感，
帶來生活中的靈感，並願旅遊永存你心。
在專屬TRIPFUL的帶領下，你會完全沉浸在美好的旅遊，並且重新認識世界，
透過所有感知，將這趟旅行留在記憶中。

Unexpected
Encounter -

scene
to be
remembered -

keeping your
pace
in tripful -

Tripful

C O N T E N T S

**Issue
No.01**

KYOTO
京都

Writer
梁美錫（양미석）

環遊世界30年，卻在京都這個城市停留、放慢自己的步伐。
拍照、書寫只是想告訴我所愛的人我的所見所聞，從未想過自己會成為旅遊作家，但真正成為旅遊作家之後，我無法想像放棄它會如何。因為在寫書的過程中，是我感到最愉快的時光。

Tripful = Trip + Full of
TRIPFUL是結合「旅遊」的TRIP與「充滿～」的字尾～FUL所結合而成的字彙。TRIPFUL系列的宗旨，是讓陌生的城市成為新穎的體驗，讓心中的嚮往成真。

※若發現印刷及裝訂錯誤的書籍，請於原購書處兌換新品。

LIFE STYLE & SHOPPING

PLACE TO STAY

ATTRACTIVE SUBURBS

SPOTS TO GO

TRANSPORTATION

MAP

W H E R E

Y O U   G O

在旅程開始之前,先鳥瞰一下京都的全貌吧!
這些建築物或許相似,但試著區別一下神社或寺廟的特徵,
在心裡建構一個屬於自己的京都之旅吧!

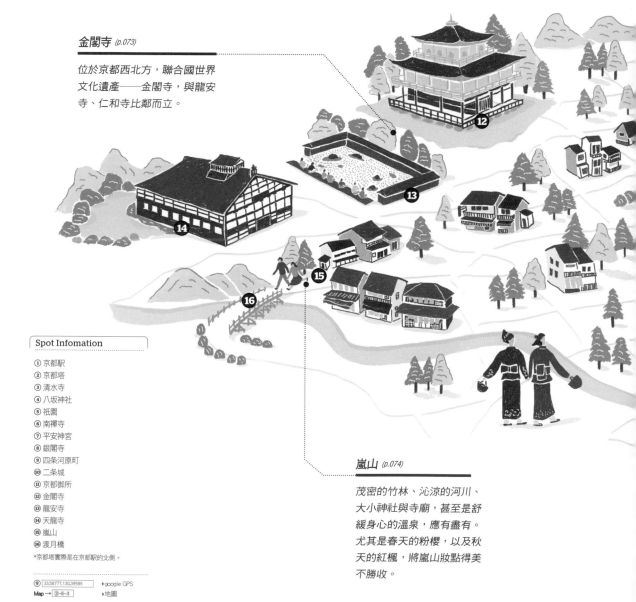

金閣寺 *(p.073)*

位於京都西北方,聯合國世界
文化遺產──金閣寺,與龍安
寺、仁和寺比鄰而立。

嵐山 *(p.074)*

茂密的竹林、沁涼的河川、
大小神社與寺廟,甚至是舒
緩身心的溫泉,應有盡有。
尤其是春天的粉櫻,以及秋
天的紅楓,將嵐山妝點得美
不勝收。

Spot Infomation

① 京都駅
② 京都塔
③ 清水寺
④ 八坂神社
⑤ 祇園
⑥ 南禪寺
⑦ 平安神宮
⑧ 銀閣寺
⑨ 四条河原町
⑩ 二条城
⑪ 京都御所
⑫ 金閣寺
⑬ 龍安寺
⑭ 天龍寺
⑮ 嵐山
⑯ 渡月橋

*京都塔實際是在京都駅的北側。

⑨ 33.58777,130.39585　▶google GPS
Map → ③-E-3　▶地圖

四条河原町 (p.077)

1年365天，1天24小時，這是當地人與觀光客川流不息的京都中心地帶。在旅程之中，每天總會有幾次途經此處。

銀閣寺 (p.068)

走訪過東山區最北部的銀閣寺之後，順著哲學之道往下，便是京都最適合散步的行程了。

二条城、京都御所 (p.079)

將軍的住處是二条城，至於王的住處則是京都御所。雖說曾是日本政治之臍，但如今卻是任何人都能進出的空間。

京都驛 (p.078)

從日本全國駛來的數十條鐵道系統匯集於此，加上車站前也有超過40條巴士路線穿梭來去，正是名符其實的旅程起點與終點。

清水寺、八坂神社、祇園 (p.063)

京都，是日本的意象之一。從清水寺、二年坂、八坂神社，一直到祇園為止的町家建築，將古都的古樸風情，原原本本地保留下來。

P L A N

YOUR TRIP

京都這座城市，就像一個難以親近又裝模作樣的轉學生。
在旅程正式開始之前，稍微做點功課，就能讓你在京都的時光，過得愉悅自在。

面積 4,612.19 km²

京都府的面積是4612.19 km²，在日本的47個行政區排行第31位。至於旅客經常造訪的京都市，則為827.83 km²，比台北市（271.8 km²）大了三倍。

人口 2.6 Million

京都府的人口約有260萬人。其中有過半數147萬以上人口，居住於京都市區。最近幾年以來，人口也在持續地增加。

滯留期間 90 Days

包含京都在內，來訪日本任何一個城市的遊客，皆可享有90天的免簽滯留期。

氣溫 15.9 ℃

年平均氣溫為15.9℃，最熱的8月平均氣溫是32.4℃，最冷的1月平均氣溫則落在0.3℃。氣候四季分明。在梅雨季過後的仲夏季節，如同蒸籠般炎熱，冬天偶爾也會有零度以下的氣溫。

時差 1 Hours

日本和台灣的時差為＋1小時（GMT+8）。台灣時間中午12點，正是日本時間下午1點。日本無夏令時間。

國定假日 16 Days

日本的國定假日有16天。國定假日如適逢週末，則會延至下個星期一補休。另外新年假期、五月初的黃金週、八月中旬的盂蘭盆節（日本人一年一次迎接祖先回家，表示感謝之意的重要日子），則是連休。

1月	1日	元旦
	第二週的星期一	成人日
2月	11日	建國紀念日
3月	11日	建國紀念日
4月	29日	昭和之日
	3日	憲法紀念日
5月	4日	綠之日
	4日	綠之日
7月	第三週的星期一	海之日
8月	11日	山之日
	第三週的星期一	敬老之日
9月	23或24日	秋分之日
10月	第二週的星期一	體育之日
11月	3日	文化之日
	23日	勤勞感謝之日
12月	23日	天皇誕生日

往市中心移動時間 1H 24min

在京都府內並沒有機場。在鄰近的機場中，最便利的就屬關西機場。關西機場與京都駅之間，有電車、機場巴士通行。最快的交通工具是JR關空特急HARUKA遙遠號，單程只需1小時24分。

飛行時間 2H 35min

從桃園機場飛往關西機場，大約需要2小時35分。若從高雄國際機場，則需要3小時。關西機場是我國國民經常造訪的區域，不論是傳統航空還是廉價航空，一天有數十班飛機起降，航班往來頻繁，旅客能輕而易舉選擇到適宜自己航班。

☑ CHECK LIST

☑ 問候

雖然與中文相同，早中晚各有不同的問候詞，但其實只用一般白天的問候詞「你好」（こんにちは），其實也能通用。日本人尤其常用的「對不起」（すみません），除了道歉的意思之外，也會使用在餐廳呼叫服務員、向人借道等等，表達「不好意思」的情況。至於到京都旅遊時，常會聽到おおきに（大きにありがとうございます的省語），則是「謝謝」的關西方言。

☑ 拍照禮儀

不少咖啡廳或是營業場所，都是禁止攝影的，即使不是嚴格禁止的地方，在拍攝之前，仍最好事先取得店主的同意。在博物館或紀念館等設施內部，大部分都是禁止攝影的；至於神社或寺廟，則大多數是室內禁止，戶外則可以自由拍攝。在博物館、紀念館、神社及寺廟中，使用相機腳架及自拍棒，同樣也是不受允許的(編註)。

☑ 吸菸

在京都市境內幾乎都是禁煙的，尤其是京都駅周邊的「罰金徵收區域」。清水寺與祇園區、市區中心（四条河原町與烏丸御池之間區域），除了指定吸菸區之外，如果遭到檢舉的話，就會被課以￥1,000的罰款。

☑ 左側通行

除非地上或牆上有指定通行方向的標示之外，一般人行道或車道，都是左側通行的。汽車則為右駕。

☑ WIFI

京都市內四處都有免費的WIFI熱點，在京都於公車站、地鐵站、7-11便利商店、公共設施及著名景點等，如果有「KYOTO WIFI」標示，則可以透過簡單的登錄程序，便能免費上網。電信公司「軟銀SOFTBANK」也有提供「FREE WI-FI PASSPORT」的服務，它不限於京都使用，而是可以在日本全境兩週內無限上網。

京都WIFI熱點
kanko.city.kyoto.lg.jp/wifi/ko

☑ 營業時間與最後點餐

日本店家的營業時間較短，除了販賣酒水的店家之外，大部分都是晚間7~8點就會結束營業。在結束營業之前30分鐘至1小時是最後點餐時間，超過這個時限，就不再接受點餐，因此前往餐廳之前，還是先確認一下比較好。如果是人氣店家，很多則是當日食材賣光即結束營業了。

☑ 現金

使用信用卡並沒有想像中的普及。尤其是購買神社或寺廟等的入場券，以及在許多小吃店付款時，通常只接受現金。因此出發前最好先換足日幣，在便利商店7-11內，有支援中文的ATM提款機，而且因為遊客眾多，市區內到處都是換匯所。

☑ 電壓

日本使用100V電壓，而台灣是110V，如果只是短期旅遊基本上從台灣攜帶的手機、相機充電器等，因電器可以調節電壓，不必特別準備變壓器。

編註：花見小路私有道路已明訂嚴禁拍照，違者罰￥10000；同樣禁止拍照的還有位於二、三年坂附近的石塀小路。另外，京都政府更規定禁止對藝妓拍照，除非徵得藝妓本人同意，才可以拍攝。

☑ FESTIVAL

優雅又靜謐的京都乍看之下，似乎與慶典不太相襯。
然而，慶典並不只有吵鬧喧囂，吃吃喝喝這種型式而已。
展現千年古都的自豪，堅持固有傳統與文化的京都慶典，
猶如獻給遊客一場極致的「京都風情」體驗。

照片 由「關西觀光web」攝影師kim提供

5月 / 葵祭 あおいまつり

此為供奉賀茂氏族的下鴨神社以及上賀茂神社的最大慶典，也是京都三大祭之一。若是回到平安時代，只要提起慶典，令人最先聯想到的，就是葵祭了。為了重現平安時代古王室的神社參拜隊伍，每年5月15日，葵祭隊伍由京都御所出發，途經下鴨神社，最後在抵達上賀茂神社時結束。

7月 / 祇園祭 ぎおんまつり

祇園祭既是京都三大祭之一，也是日本三大祭之一。以前，八坂神社的名字是「祇園神社」，所以被稱為祇園祭。它的起源可以推算至1100年前，約莫896年間，當時因為京都疫病爆發，為了撫慰受害者的冤魂，也為了向神明祈求疫病消退，祇園祭就此展開。17日的「神幸祭」，是將八坂神社供奉的神明移駕至神輿上，一路護送至俗世的暫時安身之所；24日的「還幸祭」，則是將神明重新護送回神社的儀式。每年整個7月都有各種活動進行，京都的大街小巷全是節慶的色彩。最高潮是7月17舉行的「山鉾巡行」，裝飾華麗的山鉾，沿著主要街道遶行的巡遊是最大看點。

8月 / 五山送火 ござんのおくりび

說到京都夏日的代表性風景，那便是夜空中亮起的輝煌火炬了，原本送火是盂蘭盆節的慶典之一，在盂蘭盆節時，將回到人間的先祖靈魂重新送回另一個世界的儀式。在五處高山上，亮起火炬構成一個巨大的「大」字，尤以東山的大文字山最為著名。這個活動在每年8月16日晚間8點準時展開。

10月 / 時代祭 じだいまつり

京都三大祭之一，適逢1895年，京都遷都後1100週年，重新舉辦的平安神宮最大慶典。為了精確重現京都超過千年的首都進程，經過徹底的歷史考究，組合而成的遊行隊伍，那才真的是京都限定的慶典，超過2000人參與其中，行進隊伍長達2公里，於遷都京都的10月22日展開。

紀念平安建都1100年，京都於1895年舉辦「遷都紀念節」，在此同時創建了「平安神宮」。

☑ HISTORY

隨處可見的神社、寺廟，或是王室所留下的遺跡都是京都的特有風景。而京都在成為首都之後的千年時光，也曾發生過無數的重大歷史事件。說不定足下某一塊不起眼的小石頭，都曾是經歷不凡的歷史見證物。在簡單的了解重大事件後，也許那些曾經不明究理，參訪過的文化財產，看起來都變得截然不同了。畢竟了解了多少，才能看見多少，不是嗎？

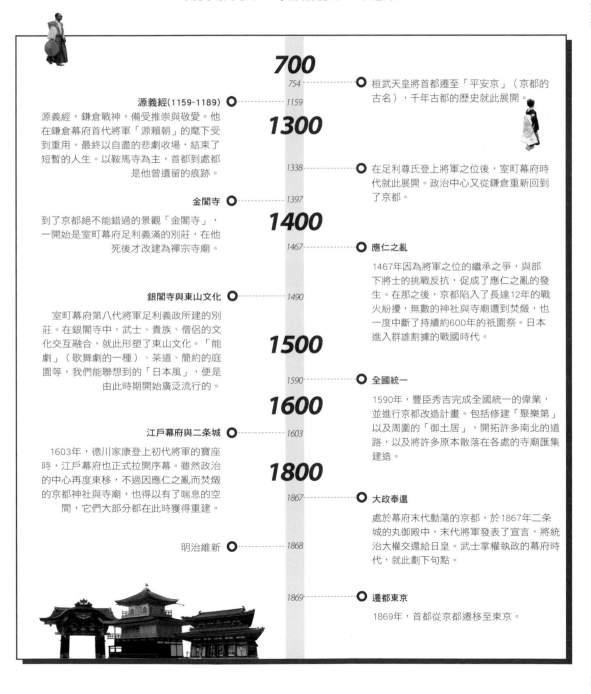

700

754 ———○ 桓武天皇將首都遷至「平安京」（京都的古名），千年古都的歷史就此展開。

源義經(1159~1189) ○------ 1159

源義經，鎌倉戰神，備受推崇與敬愛。他在鎌倉幕府首代將軍「源賴朝」的麾下受到重用，最終以自盡的悲劇收場，結束了短暫的人生。以鞍馬寺為主，首都到處都是他曾遺留的痕跡。

1300

1338 ———○ 在足利尊氏登上將軍之位後，室町幕府時代就此展開。政治中心又從鎌倉重新回到了京都。

金閣寺 ○------ 1397

到了京都絕不能錯過的景觀「金閣寺」，一開始是室町幕府足利義滿的別莊，在他死後才改建為禪宗寺廟。

1400

1467 ———○ **應仁之亂**

1467年因為將軍之位的繼承之爭，與部下將士的挑戰反抗，促成了應仁之亂的發生。在那之後，京都陷入了長達12年的戰火紛擾，無數的神社與寺廟遭到焚燬，也一度中斷了持續約600年的祇園祭。日本進入群雄割據的戰國時代。

銀閣寺與東山文化 ○------ 1490

室町幕府第八代將軍足利義政所建的別莊。在銀閣寺中，武士、貴族、僧侶的文化交互融合，就此形塑了東山文化。「能劇」（歌舞劇的一種）、茶道、簡約的庭園等，我們能聯想到的「日本風」，便是由此時期開始廣泛流行的。

1500

1590 ———○ **全國統一**

1590年，豐臣秀吉完成全國統一的偉業，並進行京都改造計畫。包括修建「聚樂第」以及周圍的「御土居」，開拓許多南北的道路，以及將許多原本散落在各處的寺廟匯集建造。

1600

江戶幕府與二条城 ○------ 1603

1603年，德川家康登上初代將軍的寶座時，江戶幕府也正式拉開序幕。雖然政治的中心再度東移，不過因應仁之亂而焚燬的京都神社與寺廟，也得以有了喘息的空間，它們大部分都在此時獲得重建。

1800

1867 ———○ **大政奉還**

處於幕府末代動盪的京都，於1867年二条城的丸御殿中，末代將軍發表了宣言，將統治大權交還給日皇。武士掌權執政的幕府時代，就此劃下句點。

明治維新 ○------ 1868

1869 ———○ **遷都東京**

1869年，首都從京都遷移至東京。

THE BEST DAY COURSE

1day
第一天行程

京都駅
↓
伏見稲荷大社
↓
清水寺
↓
二年坂、三年坂
↓
八坂神社
↓
祇園
↓
天周
↓
花見小路通
↓
二条城
↓
京都御所
↓
四条河原町

2day
第二天行程

京都駅
↓
銀閣寺
↓
哲學之路
↓
南禪寺
↓
山元麵藏
↓
平安神宮
↓
蔦屋書店
↓
三条大橋
↓
先斗町

3day
第三天行程

京都駅
↓
金閣寺
↓
龍安寺
↓
鯛匠
↓
天龍寺
↓
竹林
↓
野宮神社
↓
%Arabica Kyoto
↓
渡月橋
↓
風風之湯

+1day
近郊遊行程

宇治或是大原

1 day
第一天行程

08:00 am 京都駅

旅行就從京都駅開始,搭乘JR奈良線,只要15分鐘就能抵達伏見稻荷大社。

08:30 am 伏見稻荷大社

沿著山頭連綿向上延伸的壯觀朱紅色千本鳥居,跟電影裡的場景一模一樣。此處也是遊客眾多的人氣景點,想拍攝沒有路人的鳥居,可能需要多點耐心。

11:00 am 清水寺

雖然不管選擇哪條路,都會是長長的上坡路。但是小路兩邊有許多有趣的景點,使得這條路走起來沒那麼艱難。抵達盡頭的清水寺之後,可以在本堂前的舞台處,向下俯瞰京都市的全景。

14:30 am 二条城

奉德川家康之命而建成的二条城。與我們常見的「城」看起來並不相同,它沒有高塔,反而更像是貴族的居所。

13:00 am 天周

短暫的午餐時間,來客絡繹不絕,排隊是必須的。雖然訂單沒有中斷過,但是廚師們總是像軍隊一樣,有條不紊、乾淨俐落地完成餐點。招牌天丼的美味程度,自然不在話下!

12:00 am 三年坂、二年坂

前往祇園時,可選擇與上來清水寺時的另一條路走下去。在完整保留歷史樣貌的古道上行走,會有如同進入時空旅行的錯覺。

16:00 am 京都御所

在遷都東京之前,這裡是日皇居住且處理政務長達500年歷史的王宮。到了現代,也成了具有古裝劇背景的市區綠地,深受京都當地市民的喜愛。

17:30 am 花見小路通

將祇園中央劃分為南北的道路。四条通的南側與北側截然不同。南側區域過去曾是建仁寺腹地,歷史痕跡也完整地保留下來。運氣好的話,還能見到上班途中的藝妓和舞妓呢!

18:30 am 四条河原町

京都最大的鬧區。對於過了下午5點,大部分景點便陸續休息的京都而言,四条河原町是少數直到深夜,依然燈火通明的區域。晚餐、飯後甜點,甚至把酒言歡,都能在這裡一次解決。

08:00 am 京都駅

今天是要充分運用「一日巴士乘車券」的日子。想要前往銀閣寺的話，在A1的站牌處，搭乘5號巴士最為便利。

09:30 am 銀閣寺

在景點眾多的東山最北端，有一座銀閣寺默默守護著大地。原本為了與金閣寺相呼應，打算用銀打造成銀色的樓閣，後來卻因為物資短缺與財政困難，不得已改成了墨色油漆塗層，反而讓它看起來更沉穩內斂，與京都古城封號相得益彰。

10:30 am 哲學之道

從銀閣寺到永觀堂（禪林寺）之間的步道。一路走到盡頭就會發現，原本一起從起點出發的行人，不知為何陸陸續續不見了，説不定到最後只剩下你也説不定。但是在賞櫻季及賞楓季時，這裡會擠滿了遊客。

14:30 pm 平安神宮

對於千年古都京都來說，平安神宮屬於較年輕的建築，但因重現了平安都城的建築，韻味不輸其他建築。寬闊的腹地上，有規劃完整的公園，對遊客而言，絕對是暫時歇腳、喘口氣的好地方。

13:00 pm 山元麵藏

店前長長的人龍，會讓你懷疑是否有必要等這麼久？但在好奇心驅使之下，你還是會繼續排隊等待。在炸牛蒡與溫暖湯汁上桌的那一刻，久等的煩躁也會跟著熱氣煙消雲散。

11:30 am 南禪寺

位於南禪寺中，以紅磚砌成的水路閣（水道橋），相當受到遊客青睞，甚至有很多人是專門來看它的。在建造時參考古代羅馬時代的水道橋，上面設有步道，可以在此漫步，是京都最適合拍照的景點之一。

15:00 pm 蔦屋書店

比起其他分店，這間蔦屋書店的賣場面積不算大，但它卻擁有平安神宮與岡崎公園的獨特景觀。當然這裡也一樣設有星巴克咖啡。

16:00 pm 三条大橋

橫跨京都的生命之河鴨川的橋樑之一。因為在此發生過許多事件，使它不再只是一座橋而已，而是具有許多歷史意義。橋上總是來往著橫越鴨川的人潮與車潮。

17:00 pm 先斗町

白天只有三三兩兩行人的安靜地區，到了日落之後，反而熱鬧了起來。這裡是京都目前留存的五個花街之一。在兩人並排走都嫌擠的窄巷中，有著密集的酒館及餐廳。

3 day
第三天行程

08:00 am　京都駅

為了更有效利用巴士與電車，往京都西北方的嵐山前進。首先到C1的站牌處，搭乘205號公車吧。

09:00 am　金閣寺

也許是受到三島由紀夫著名小説《金閣寺》的影響，多數人對它產生了深刻的印象。不過在親身造訪後，卻能感受到它比京都任何寺廟都更清幽。陽光灑落下的金色樓閣，讓遊客不辭千里，遠道而來。

10:15 am　龍安寺

這裡是宴請貴客的好選擇。招牌的「鯛茶漬け御膳」，是應用鯛魚的不同部位的肉質口感，而設計不同吃法的精緻套餐料理。絕對能滿足食客挑剔的味蕾。

13:30 pm　竹林，野宮神社

高聳入雲的竹林，讓此處連白天都顯得沁涼，這便是嵐山的代表特色之一。位於竹林入口處的「野宮神社」，則是為人熟知實現愛情的神社，因此人潮常年不斷。

12:45 pm　天龍寺

這裡是嵐山區人潮最多的寺廟，也是日本最早期的寺廟，更被列為「特別名勝古蹟」。境內的曹源池庭園風景秀麗，獨樹一幟。

11:30 am　鯛匠

這裡是宴請貴客的最佳選擇。招牌的「鯛茶漬け御膳」，是使用鯛魚的不同部位，搭配不同肉質口感，設計不同吃法的精緻套餐料理。絕對能滿足食客挑剔的味蕾。

15:00 pm　%ARABICA KYOTO

對於咖啡，每個人都有口感、香氣等主觀判斷和感官的不同，但是這間咖啡店所處的絕妙地點，不得不為它點讚。一邊欣賞桂川的絕景，一邊品嘗咖啡香，讓人更能感受到嵐山之美。

15:20 pm　渡月橋

在看到橫跨桂川的渡月橋時，會不禁有著「啊，我來到嵐山了！」的感覺。從橋中央俯看的嵐山很美，以嵐山為背景拍的渡月橋同樣很美。

17:00 pm　風風之湯

比起日本其他城市，京都是特別需要旅客腳力的地方。將疲憊身軀泡在熱騰騰的溫泉裡，可以紓解旅程中積累的困乏。無論是住宿，或是只想泡個溫泉浴都可以，這裡是平價實惠的好地方。

EAT UP

身為有「關西廚房」之美譽的大阪鄰居，
因而未能獲得公正的評價，實在令人感到不平。
千年洗禮之下形成的飲食文化，終究是不同凡響。無論是成立了數百年的老舖，或
是新開設的店鋪，共同攜手將京都打造成美食城市。
在走訪了一間又一間的店家後，更覺得這個「美食京都」的名號實至名歸。

鴨川咖啡 (p.035)

用咖啡一窺京都之美

京都人的血液裡流淌著咖啡因？

你是否以為京都的街道上，充斥著苦澀的抹茶香，
以及強烈的線香味道呢？
正好相反，實際上它是縈繞著咖啡香喔！

イノダコ-ヒ（P.033）

フランソア喫茶室（P.029）

% ARABICA Kyoto Higashiyama（P.025）

在茶館到喫茶店

日本在引進「咖啡」這種西洋飲料時，正處於江戶時代。但當大眾真正開始接受咖啡，卻已經是明治維新之後了。在長崎、橫濱、神戶等港口城市中，外國人集中居住的區域周邊，很自然地出現了各式喫茶店。而與神戶緊鄰的京都，從1930年起出現喫茶店直到現在，仍然延續著這種文化命脈。喫茶店的字面上解釋雖然是「喝茶」之意，但在這些營業場所中，其實也會販賣咖啡。在京都出現喫茶店之前，神社及寺廟為了招待參拜香客，也自有一套茶館文化，深深地在人民心中落了根。可能也是因為如此，茶館文化也在民間迅速流傳了。

在戰爭陰影籠罩下的1930年代時期，京都的喫茶店並非只是單純販賣咖啡的場所。1930年的京都大學北門門處，麵包店「進進堂」（進々堂，P.033）正式開業。於法國留學後海歸的創辦人，因為傾心於巴黎咖啡廳中熱烈討論的自由風氣，希望也能吸引京都大學的教授及學子們在此做學術研討，才會特意選在此處開店。1943年開業的Francois喫茶室（フランソア喫茶室，P.029）也是聚集了一批知識分子的沙龍。Inoda Coffee（イノダコーヒ，P.033）則是在1940年，以販賣咖啡用具的零售店起家，如今已經搖身一變，成為京都的代表性茶館。除此之外還有Smart Coffee（スマート珈琲店，1923年開業）、SHIZUKA（靜香，1937年開業）、喫茶SOIREE（喫茶ソワレ，1948年開業）、六曜社珈琲店（ろくようしゃこーひーてん，1950年開業）、喫茶TYROL（喫茶チロル，1968年開業）等等，深受京都居民喜愛的茶館。

未來更令人期待的～

在不乏百年老鋪的京都，新開業的店家依然不斷成立，茶館被視為是較大的咖啡廳，而最近數年新成立的店家，則是由京都的咖啡之神所引領的新時代走向。許多咖啡廳開始採用自家烘製的咖啡豆，或者標記了完整的生產履歷，並非單純只是豆子生產地而已，連烘製的店家在哪？都做了詳細地區分，供顧客慢慢地挑選。因店內太過窄小，只能更效利用空間的立飲咖啡「Coffee Stand」也應運而生，這是過去所無法想像的，其中就數%Arabica Coffee Kyoto（P.025）的發展最為亮眼，從東山區某一角落起步的%Arabica Coffee，店面已經拓展至杜拜及香港等地，接下來也打算進軍法國與埃及市場。為了活用空屋或是廢工廠等，那些已完成階段性使命的空間，咖啡廳也於最近幾年間，如雨後春筍般出現。

2014年京都市推出了「空屋活用與社區重建的模範計畫」（Empty Home Utilization & Community Revitalization Model Project），經過公募而拿到補助的有ITONOWA以及GOOD TIME COFFEE這兩間咖啡廳。GOOD TIME COFFEE不只是咖啡廳而已，它更標榜著要打造「生活設計社區」的口號。像它這樣的咖啡廳，近來已經成為趨勢，不只是單純的賣咖啡，更是與來客分享店主人生觀與生活品味的空間，也能進一步與周遭店家結盟聯合，共同創造區域的活力與進步。

去年或今年才開業的咖啡廳，到了十年後，甚至是三十年後，又會呈現怎樣的面貌呢？它們會當時新成立的咖啡廳如何融合共生？還有現在存在超過百年歷史的喫茶館，到了未來是否還能繼續堅定地為客人服務？可預見的是，京都的咖啡文化一定會持續發展下去的。

我曾看過一個有趣的統計，日本在2016年整年中，每單一家庭（兩人以上）咖啡消費量最高的行政區域是哪裡呢？正確答案是京都府。

對比於全國的平均年消費量2353克，京都的平均年消費量竟高達3427克，足足多了1公斤。啊，當然這些數量，是以家庭消費為單位的。

那麼在外面呢？若以每十萬人口為單位，統計咖啡消費量的話，在全國47個都道府縣中，京都也占了第八位。順帶一提，以家庭為單位消費的麵包量，京都也比平均值高1.5倍，拿下壓倒性的第一！在喝咖啡的同時，自然也會吃點麵包，如果用這種邏輯來推論的話，也許就能自然地理解了。如今想來，在京都的咖啡廳中，的確不管哪裡，都有賣濕潤又香純的吐司。京都雖然給人非常傳統的印象，然而卻意外地是很「潮」的城市。

為匆忙旅人獻上一杯
咖啡的從容

ドングリー

立食文化的咖啡店版。
雖然沒有舒服安坐的位置,
卻能與手藝出眾的咖啡師近
距離接觸,
並靜心等待一品香醇咖啡
的地方——「立飲咖啡」
(Coffee Stand)。

二条小屋

COFFEE STAND

 二条城

NIJOKOYA
二条小屋
ニジョウコヤ

順著下坡路上不太穩固的招牌，轉入停車場後，就能看見一個屋頂上寫著大大的「COFFEE」字樣的小屋子。雖然店面很狹窄，一眼望去最多僅能站六個人，但奇怪的是，比起外帶，二条小屋內用的客人更多。這間店是由七十年歷史的建築所改建，於2015年開業。

ⓘ 京都市中京区最上町382-3
ⓖ 35.01125, 135.75031
ⓗ 11:00-20:00 星期二公休
ⓘ 手沖咖啡￥410~
Map → ② - B - 3

 清水寺

% ARABICA KYOTO
東山
アラビカ きょうと ひがしゃま

打著「See the world through coffee」口號，從京都起家，朝向全世界展店的COFFEE STAND。雖然在香港、科威特、阿曼等都有開店，但日本卻只有京都有店面。遊客可以在參觀完清水寺，走一段下坡路後，到%Arabica Kyoto東山店這裡小憩一下。

ⓘ 京都市東山区星野町87-5
ⓖ 34.99863, 135.77829
☎ 075-746-3669 ⓗ 08:00-18:00
ⓘ 冰拿鐵￥500 🏠 arabica.coffee
Map → ① - E - 3

 清水寺

DONGREE
コーヒースタンドと暮しの道具店
ドングリー

如果想一次品嚐到京都在地烘焙職人小量精製的5款咖啡，可以點人氣咖啡「五焙gobai」。在木匠達人手工打造的木盤上，巧妙地擺上五杯手沖咖啡，因為每一杯都是精心沖煮的，因此點單後，通常需要15~20分鐘才能上桌。

ⓘ 京都市東山区池殿町214番地4 青春画廊1F ⓖ 34.9966, 135.77248
☎ 075-746-2299 ⓗ 08:00-17:00星期二公休
ⓘ 嚐鮮組合￥1,400；手沖咖啡￥450
🏠 dongree.work Map → ① - E - 4

 三条河原町

WEEKENDERS COFFEE
富小路
ウイークエンダーズコーヒー

比起眼睛，鼻子會先找到這家店。沿著咖啡香氣，走到平凡無奇的停車場內側，四平八穩地座落著一棟雙層獨立住宅，在這裡喝上一杯店內烘焙的手沖咖啡，會讓你在早晨瞬間清醒過來。

ⓘ 京都市中京区富小路通六角下ル西側骨屋之町560離れ ⓖ 35.00678, 135.76449
☎ 075-746-2206
ⓗ 07:30-18:00 星期三公休（國定假日照常營業）ⓘ 手沖咖啡￥470
🏠 weekenderscoffee.com
Map → ③ - E - 2

 西本願寺

WANDERERS STAND
ワンダラーズ スタンド

以旅行中受歡迎的路邊攤為概念而創立的咖啡小站。咖啡豆是由店主朋友所開設的Little Nap Coffee Stand所提供。在參觀完西本願寺之後，來此休息剛剛好。比起市區其他地方，這裡的咖啡廳相對少了許多，因此Wanderers Stand可謂是甘霖般的存在。

ⓘ 京都市下京区八百屋町58 イチハタビル1F
ⓖ 34.99537, 135.75526
☎ 075-353-5958
ⓗ 08:00-14:00 不定期公休
ⓘ 手沖咖啡￥400
🏠 instagram.com/wanderers_stand
Map → ② - B - 4

 京都駅

KURASU
クラス

距離京都駅五分鐘，是遊客與當地人都能自由出入的地方。因為咖啡豆是從日本全國各地的烘焙店進貨而來，因此每月都會更換豆種類，店內有爽朗的咖啡師，即使面對外國遊客，也能自然地對話，並以此創造全新的緣分。

ⓘ 京都市下京区油小路通塩小路下る東油小路町552
ⓖ 34.98637, 135.75384
☎ 075-744-0804
ⓗ 08:00-18:00
🏠 kurasu.kyoto
Map → ② - B - 4

 下鴨神社

LIGHT UP COFFEE KYOTO
ライトアップコーヒー

由天空藍與白色所打造的清新感店面，入店之後第一眼的是，溫文親切的咖啡師的燦爛微笑。如果想喝手沖咖啡，就得先選擇原豆種類，但在Light Up Coffee Kyoto中，你不必苦惱，直接選擇京都特調即可，嘴中隱隱散發的花香，會讓人聯想到春日盛開的櫻花。

ⓘ 京都市上京区青龍町252
ⓖ 35.02959, 135.77009
☎ 075-744-6195
ⓗ 09:00-18:00
ⓘ 嚐鮮組合￥680；手沖咖啡￥500
🏠 lightupcoffee.com
Map → ② - C - 1

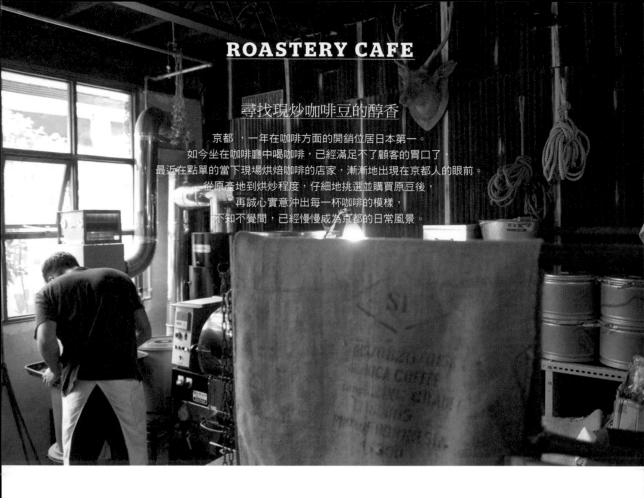

ROASTERY CAFE

尋找現炒咖啡豆的醇香

京都，一年在咖啡方面的開銷位居日本第一。
如今坐在咖啡廳中喝咖啡，已經滿足不了顧客的胃口了，
最近在點單的當下現場烘焙咖啡的店家，漸漸地出現在京都人的眼前。
從原產地到烘炒程度，仔細地挑選並購買原豆後，
再誠心實意沖出每一杯咖啡的模樣，
不知不覺間，已經慢慢成為京都的日常風景。

CLAMP COFFEE SARASA
クランプコーヒーサラサ

二条城

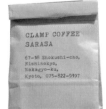

在京都市中心，只要招牌後標注了SARASA的店家，它們所使用的原豆，皆來自於此處，也就是由CLAMP COFFEE SARASA這裡炒出來的。這裡是由老舊的倉庫或工廠所改造，是二条城附近的咖啡廳兼烘豆坊。入口通道擺滿了各式花盆，坐在窗前位置看出去，全是清新的綠意，讓人心情愉悅。即使是來客源源不絕的週末，也會在店內一角不停地烘豆，而且提供來客試飲。

京都市中京区西ノ京職司町67-38
35.01141, 135.74567
075-822-9397
08:00-18:00星期三公休
手沖咖啡￥480；
原豆100g￥630
cafe-sarasa.com　Map → ② - B - 3

ROASTERY CAFE

WIFE&HUSBAND
ワイフアンドハズバンド 〔北大路駅〕

店鋪名稱叫WIFE&HUSBAND，而招牌咖啡豆名字則是「Daughter」！從店名就能知道，這裡是由夫婦共同經營，炒豆時則是思念著女兒。在WIFE&HUSBAND中人氣最高的，便是包含了整壺咖啡、陶瓷杯具、蛋糕和麵包的「野餐套餐」。在天氣晴朗的時候，到鴨川畔野餐悠閒地度過的時光，或許會比在伏見稻荷大社及金閣寺中度過的時光，更能在記憶裡留存更久遠。

⌖ 京都市北区小山下内河原町106-6
⊚ 35.04339, 135.76172 ☎ 075-201-7324
⏱ 10:00-17:00(內用最後點餐16:30野餐套餐15:00) 星期一、四、日公休
🍴 手沖咖啡 ¥550；Daughter咖啡豆特調 200g ¥1,400；野餐套餐1人份 ¥1,100 🏠 wifeandhusband.jp
Map → ⑤ - E - 2

FACTORY KAFE 工船
カフェ コウセン 〔京都御所〕

從京都御所東側出入口「石藥師御門」出來直走，就能抵達河原町通。這間咖啡廳即在路上的老舊建築物的二樓，入口處有大量的咖啡豆布袋，直堆疊到天花板上，二樓因是許多個人工作室共享的空間，所以在吧檯旁還能看到腳踏車修理鋪。factory kafe工船的菜單簡單明瞭，直接秀出世界地圖，用貼紙標示出咖啡豆的產地與烘焙度。店主使用有點年份的熱水壺，悉心沖出來的咖啡口感強烈厚實，而且餘韻綿長。

⌖ 京都市上京区河原町通今出川下ル梶井町448清和テナントハウス2F G号室 ⊚ 35.0274, 135.7696 ☎ 075-211-5398 ⏱ 11:00-21:00 星期二公休 Map → ② - C - 2
🍴 手沖咖啡 ¥520；咖啡原豆100g ¥650-
🏠 ooyacoffeeassociees.com

LATTEART JUNKIES ROASTING SHOP
ラテアート・ジャンキーズ・ロースティングショップ 〔北野天滿宮〕

雖然本店就在北方的2.5公里處，但對旅客而言，在北野天滿宮附近的二號店，更容易找到。店主大西先生，在日本咖啡拉花界是鼎鼎有名的咖啡師，曾有多次參賽而且獲獎的經歷。店主性格爽快開朗，遇到外國客人拍照上傳SNS也不介意。店內的招牌咖啡豆「Junkies綜合咖啡豆」則是由巴西及薩爾瓦多的原豆所搭配調合。

⌖ 京都市上京区紙屋川町839-3 ⊚ 35.02739, 135.73458
☎ 075-463-6677 ⏱ 08:00-18:00星期二公休
🍴 今日咖啡 ¥432；Junkies綜合咖啡豆180g ¥1,300
🏠 junkies-cafe.com Map → ② - A - 2

CAFE, OLD & NEW

咖啡廳
古今的時光交錯

近年的京都，出現了許多老舊空間再利用的咖啡廳。曾經的學校、工廠、老宅等等場所，本來各有不同的角色，
如今都重生為盈滿咖啡香的咖啡廳，在這樣的空間裡微妙共存著過去與現在。

1 STARBUCKS COFFEE
スターバックスコーヒー 　清水寺

由二年坂上的傳統町屋改造而成。2017年6月開始營業。因位於傳統町屋保留區中，為了不破壞周遭的景觀環境，捨棄了綠色的招牌，上面繪有STARBUCKS的傳統賽倫伊圖騰的藍色布簾，就掛在入口處，令人印象深刻。一樓是櫃台及吧台，二樓是座位區，其中一部分座位是傳統茶房樣式，必須脫鞋。坐在榻榻米上享用咖啡，透過格子窗欣賞窗外的二年坂風情別有韻味。

⌖ 京都市東山区高台寺南門通下河原東入桝屋町349
◉ 34.99826, 135.78079 ☎ 075-532-0601
🕐 08:00-20:00 🏠 www.starbucks.co.jp
Map → ① - E - 3

2 茂庵
もあん 　銀閣寺

在一段蒼鬱森林群中爬山爬得氣喘吁吁時，不停想著「我有必要爬這麼高來嗎？」直到攻頂，看到漂亮木造建築的咖啡館，就覺得一切都值得了。茂庵的海拔足足有105公尺高，是位於吉田山山頂的咖啡廳。坐在窗邊，可以欣賞到大文字山以及京都市區美景，絕對會讓人感到不虛此行。尤其是在落日較早的冬天，這裡的夕陽美得讓人屏息。

⌖ 京都市左京区吉田神楽岡町8吉田山山頂
◉ 35.02633, 135.78709 ☎ 075-761-2100
🕐 11:30-18:00 星期一公休(適逢公定假日，則順延一日)
🍽 咖啡￥550；今日蛋糕套餐￥940
Map → ① - A - 2

3 フランソア喫茶室
フランソア きっさしつ 　四条河原町

忠實保留了1943年開幕當時氛圍的弗朗索瓦咖啡廳。因戰爭而人心惶惶的期間，它曾是討論時事的前衛沙龍（聚會場所），在那之後受到許多喜歡咖啡及古典音樂人士的喜愛，直到現在都是人氣咖啡廳。曾在東京大學念書的義大利留學生參與設計此棟建築，也是政府指定登錄的有形文化財。店內的招牌甜點是生起司蛋糕佐藍莓醬。

⌖ 京都市下京区西木屋町通四条下ル船頭町184
◉ 35.00335, 135.77019 ☎ 075-351-4042
🕐 10:00-23:00(最後點餐 22:00 飲料 22:45) 12月31日、1月1日、1月2日公休 🍽 咖啡￥600；生起司蛋糕￥650
🏠 francois1934.com Map → ③ - F - 3

4 BLUE BOTTLE COFFEE
ブルーボトルコーヒー 　南禪寺

號稱「咖啡界的蘋果」的藍瓶咖啡，開設於南禪寺旁的分店是它在關西的第一家分店。不僅美麗百年京町家令人留下深刻印象，為紀念京都分店開幕，所推出的多樣融入和風素材的餐點與周邊商品，都令人趨之若鶩。高高的天花板和整面的落地玻璃，讓您即使在室內，仍有置身戶外的穿透感。

⌖ 京都市左京区南禅寺草川町64
◉ 35.01141, 135.78947 ☎ 075-746-4453
🕐 08:00-18:00 🍽 冰滴咖啡￥450-
🏠 bluebottlecoffee.jp
Map → ③ - C - 2

5 市川屋珈琲
いちかわやコーヒー 　清水寺

這個200年的町家建築，曾是陶藝工坊。遠離喧囂的街區，部分歲月遺留下來的美好痕跡與風味，加上店主溫和地招呼，讓這裡充滿恬適靜謐的氣氛。招牌咖啡「市川屋特調」口感不厚重，每天喝也不會覺得膩；隨著季節而更換水果的水果三明治也相當受歡迎，是店主為了讓客人在忙碌的日常中，感受四季變化而製的餐點。

⌖ 京都市東山区鐘鋳町396-2 ◉ 34.99315, 135.77419
☎ 075-748-1354 🕐 08:00-18:00 星期二及第二、四週的星期三公休 🍽 市川屋特調￥470；水果三明治￥980
Map → ① - F - 3

6 古書と茶房 ことばのはおと
ことばのはおと 　大德寺

脫下鞋子往室內走，就能感受到如同樂園般，由店主人所精心布置的空間。書架上展示了不少裝飾收藏品，其中最豐富的便是各種貓咪公仔或娃娃了。招牌點心是每日限量二十份的貓咪芭菲（Parfait）。雖然大部分是從下午一點之後才開始販售，但因為從開店起到下午一點前，來店用餐的客人也可以加點貓咪芭菲，因此經常提前完售，相當搶手。

⌖ 京都市上京区天神北町12-1 ◉ 35.03713, 135.75071
☎ 075-414-2050 🕐 11:30-19:00(最後點餐 18:00) 星期一、二公休 🍽 貓咪芭菲￥1,050
🏠 kotobanohaoto.net Map → ② - B - 1

thread ca

7 タイム堂
タイムどう

京都御所

這棟百年建築原本是名為「時間堂」的鐘錶行，咖啡店沿續下來的不只是店名而已，也保留建築物的原貌，沒有過多的綴飾，甚至可看到連古早的水井也這麼保存下來。在一樓的咖啡廳，選用京都本地生產的新鮮食材製作成餐點，二樓則是商品販售空間，展示了以不同顏色突顯出的京都場所，以及京都各個瞬間的商品，如同彩通色卡（PANTONE COLORCHIPS）般繽紛多彩。

ⓐ 京都市上京区烏丸通丸太町上ル春日町426-2
ⓖ 35.0184, 135.75919 ☎ 075-256-8889
ⓒ 08:00-22:00(最後點餐時間 21:30) 🏠 timedou.com
🍴 手沖咖啡￥500；敞開式/開放式三明治￥800

Map → ② B : 2

8 JAM JAR LOUNGE & INN
ジャムジャー
ラウンジアンドイン

北野天滿宮

這間是京都少數可以品嘗到澳洲式烤三明治的咖啡廳。原因是這間咖啡廳與住宿共存的JAM JAR LOUNGE & INN，其負責經營的正是一位澳洲人。在百年歷史的古樸木造家屋裡，由澳洲人為你煮咖啡與做三明治，甚至可以喝到精心挑選的澳洲紅酒，可謂是東西文化完美融合。

ⓐ 京都市上京区今小路通七本松西入二丁目東今小路町758-2
ⓖ 35.02851, 135.73823 ☎ 075-204-8508
ⓒ 10:00-17:00 星期一公休(適逢公定假日，則順延一日)
🍴 卡布其諾￥450；澳洲烤三明治￥650

🏠 jamjarjapan.com Map → ② - A - 1

9 スゥレッド カフェ
THREAD CAFÉ

同志社大學

原本是紡織工廠的建物，重新改頭換面，成為綠意盎然的咖啡廳。從入口處進來，必須先通過石板屋天花板下的陰暗小路，才算進到真正的咖啡廳。首先會被門前養的一隻安靜的雞給嚇到，來到二樓，又因為有一棵高聳至屋頂的肉桂樹而驚訝。店內提供了咖啡等各式飲料，蛋糕、瑪芬、三角飯糰以及三明治，餐點十分多樣。

ⓐ 京都市上京区上立売道小川東入西大路町58
ⓖ 35.0321, 135.75483 ☎ 075-414-0133
ⓒ 08:30-11:00 / 14:30-SUNSET
🍴 咖啡￥450-

Map → ② - B - 1

RIVERSIDE CAFE

沉醉於京都水路的特殊方法

喜歡京都的理由何其多,而流淌在市區各處的河水也是其中之一。
從當地人及旅客都喜愛的鴨川,一直到沿著街巷潺潺的細流。
因為水而更深藏京都風情的咖啡廳,在此為各位介紹。

VEG OUT
ベグアウト

這是一大早便在鴨川畔做瑜珈的人們所推薦的咖啡廳。是一間位於七條大橋西邊的素食咖啡廳。從早到晚提供了美味又份量十足的素食料理。同時也販賣冥想與素食相關書籍,以及有機食材等。

⚓ 京都市下京区七条通加茂川筋西入ル稲荷町448 鴨川ビル1F
📍 34.98939, 135.76674
☎ 075-748-1124
🕐 08:00-21:00(最後點餐時間 20:00),星期一公休 🍴本日午餐￥1,620,豆渣瑪芬￥540;有機咖啡￥540 🏠 vegout.jp
Map → ② - C - 4

TRAVELING COFFEE
トラヴェリングコーヒー

TRAVELING COFFEE是廢棄的小學學校裡的教室所改建而成的咖啡廳。店裡放置了由音樂教室、保健室蒐集而來的椅子,一面牆上也掛著黑板,具有奇妙懷舊感的文藝氛圍。1928年落成的此棟建築,本身便是文化遺產,裡面不只有電影院,也會舉辦各種與咖啡相關的活動或跳蚤市場。

⚓ 京都市中京区東入備前島町310-2
📍 35.00598, 135.7703
🕐 11:00-20:00
🍴手沖咖啡￥300
Map → ② - F - 3

MURMUR COFFEE KYOTO
マーマー コーヒー きょうと

2016年11月在高瀬川畔開業的咖啡廳。店主爽朗又明快的個性,充分展現於店鋪風格之中,打造出極簡樸實感,是令人想久留的空間。可以看向江邊的東側牆壁,已經改造成一整片玻璃窗,即使是上午不開燈時,室內也相當明亮。店內也有一台小型烘豆機。

⚓ 京都市下京区正面通高瀬角
📍 34.99147, 135.7654 ☎ 075-708-6264
🕐 09:00-17:00 星期天公休
🍴手沖咖啡￥390 Map → ② - C - 4
🏠 murmur-coffee.com

喫茶上る
きっさのぼる

用過晚餐之後,在木屋町通散步便會映入眼簾的咖啡廳。它的入口位於高瀬川左邊的小巷弄。若落坐於鋪設了榻榻米的一樓席位的話,會覺得與高瀬川的距離十分近,彷彿有一伸手就能把手浸入江水的錯覺。在櫻花盛開的季節,與其坐在一樓,來到二樓更能欣賞美麗的風景。

⚓ 京都市下京区西木屋町通仏光寺上る市之町260 📍 35.00126, 135.76931
☎ 16:00-23:00(最後點餐時間 22:30)
🍴咖啡￥500;特製迷你銅鑼燒￥150
🏠 kyoto.agaru.coffee Map → ② - C - 3

BREAKFAST WITH COFFEE

在京都，你的腳步就是停不下來

在京都，即使住在沒有附早餐的廉價旅舍也不必失望，
京都的咖啡廳提供早餐料理的店家，比起其他都市都多得多。那是因為，
到咖啡廳享用早餐，已經成了京都的獨特文化了。
在京都停留的期間，如果安排緊湊一點的話，就可以每天早上到不同的咖啡廳報到享用早餐了。

おはよう！

COFFEE HOUSE MAKI

イノダコーヒ 本店

進々堂三条河原町店

OKAFFE KYOTO

BREAKFAST WITH COFFEE

下鴨神社

COFFEE HOUSE MAKI
コーヒーハウス マキ

對老主顧而言,只要到下鴨神社,都會來這裡撫慰飢腸轆轆的胃。而對遊客而言,則是喜歡它親切的小社區茶坊氛圍。早餐組合的主食是將厚實的土司挖空,填滿了馬鈴薯泥沙拉、水煮蛋以及火腿等配料,挖出來的土司塊,則塗上大量奶油烤香之後一起擺盤。店家招牌的早餐組合,不僅深受當地人親睞,甚至有其他城市的旅人專門來此朝聖用餐。

⌖ 京都市上京区河原町今出川上ル青龍町21
◉ 35.03092, 135.76982
☎ 075-222-2460
🕐 08:30-19:00(早餐組合 -12:00;
最後點餐時間18:30)
🍴 早餐組合¥680 🏠 coffeehouse-maki.com
Map → ②-C-1

烏丸三条

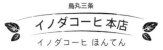

イノダコーヒ本店
イノダコーヒ ほんてん

從1940年營業以來,將近80年來,受到口味挑剔的京都人喜愛。「京の朝食」只有在本店及清水寺分店才能品嘗得到。尤其是本店,在早上七點開店時,客人便會源源不絕上門。豪華大份量的「京の朝食」是由沙拉、水果、麵包、炒蛋、柳橙汁與イノダコーヒ的招牌咖啡「阿拉比卡的珍珠」所組成。

⌖ 京都市中京区堺町通三条下ル道祐町140
◉ 35.00818, 135.76305
☎ 075-221-0507
🕐 07:00-19:00(京の朝食 -11:00)
🍴 京の朝食¥1,480
🏠 inoda-coffee.co.jp
Map → ③-D-2

三条大橋

進々堂 三条河原町店
しんしんどう
さんじょうかわらまちてん

若説好咖啡在イノダコーヒ,那麼好麵包就是在進々堂了。1913年開業至今百餘年來,已然成為京都人口中「我們京都有進々堂」般自豪的存在。而這間三条河原町分店是於2011年開幕的分店,其早餐套餐種類多達15種,其中若點選Premium Breakfast或Special Breakfast套餐的話,就無限供應麵包吃到飽。

⌖ 京都市中京区三条通河原町東入ル中島町74口
イヤルパークホテルザ京都1F
◉ 35.00895, 135.76942 ☎ 075-241-1179
🕐 07:00-22:00(早餐提供至11:00)
🍴 Special Breakfast ¥1,150
🏠 shinshindo.jp/branches/sanjo.html
Map → ③-F-2

烏丸駅

OKAFFE KYOTO
オカフェ キョウト

這家咖啡館是由獲得「日本咖啡師冠軍」的岡田章宏所開設的,他曾在京都的老字號小川咖啡工作。早餐菜單包括厚厚的日式吐司,老式熱蛋糕和一套Tamago-sando,最受歡迎的是厚燒玉子鬆餅三明治套餐,其中包含一個5厘米厚的玉子燒。綠色奶昔需另購。套餐中的代表性咖啡「Dandy Blend」,接近深焙的風味,尾韻帶點微酸,因此特別適合早晨。

⌖ 京都市下京区綾小路通東洞院東入神明町235-2
◉ 35.0023,135.76216
☎ 075-708-8162
🕐 09:00-20:00(最後點餐至19:30)
🍴 厚燒玉子鬆餅三明治套餐¥1,080
🏠 okaffe.kyoto
Map → ③-D-4

LUNCH AT A CAFE

在咖啡廳的午餐時光

不想吃完午餐就必須立刻起身讓座，或是想一口氣解決午餐及下午茶點心時，
就去咖啡廳吧！
京都咖啡廳的午餐份量，竟然比一般餐廳都更豐盛呢！

MAR CAFÉマールカフェ

MUMOKUTEKI CAFÉ & FOODS

LUNCH AT A CAFE

鴨川咖啡 かもがわカフェ

1 マールカフェ
MAR CAFÉ 　　　　　清水五条

位於京都罕見的八層大樓最頂樓的咖啡廳。無論坐在哪一個座位，都能清晰地俯瞰到京都市區的風景，尤其是走到露台上，更能一眼看盡清水寺的本堂整體，視野相當好。午餐料理有漢堡排（Hamburger Plate）、每日替換口味的咖哩、義大利麵等等。因為營業到午夜，所以也可以在此喝杯小酒，順便看看京都的夜景。

⌖ 京都市下京区西橋詰町762 京栄中央ビル8F
京阪本線－清水五条駅 ◉ 34.99705, 135.76718
☎ 075-365-5161
🕐 11:30-24:00(最後點餐時間23:30)
🍴 漢堡排（Hamburger Plate）￥1,300 🏠 marcafe.jp
Map → ② - C - 4

2 かもがわカフェ
鴨川咖啡 　　　　　京都御所

光聽這個店名，很容易讓人聯想到，它是座落在可以欣賞到鴨川的地理位置。然而事實上，它卻是隱身在無法眺望江水的小巷中。咖啡廳開設在一棟建築物的二樓及三樓，尤其是三樓的座位區，如同閣樓般的風格，相當溫馨舒適。從貼在化妝室的傳單上的日期看來，這間咖啡廳受到市民喜愛已經有很長一段時間了。每日都更換的「今日午間套餐」，從沙拉到餐後的茶飲全都包括在內。

⌖ 京都市上京区西三本木通荒神口下る上生洲町229-1
◉ 35.02016, 135.76977 ☎ 075-211-757
🕐 12:00-23:00(最後點餐時間22:30)，星期四公休
🍴 今日午間套餐￥780；鴨川店家特調咖啡￥500
🏠 cafekamogawa.com Map → ② - C - 2

3 器とごはん KAMOGAMA
ウツワト ゴハンカモガマ 　　上賀茂神社

從上賀茂神社朝鴨川方向走去，在住宅區中間，有一棟二層樓的淡黃色獨棟建築。這棟建築的一樓有陶藝教室，還有咖啡廳。因為主廚專攻的是大自然長壽飲食料理法（Macrobiotic），因此只要可能的話，主廚都會就近獲取食材，做出對身體沒有負擔的一餐。在櫻花盛開的季節時，坐在院子裡的長桌上，邊欣賞江岸美麗的櫻花，一邊享用美味的餐點，有著郊遊野餐的別致趣味。

⌖ 京都市北区上賀茂御薗口町59-13
◉ 35.05664, 135.75214 ☎ 075-723-0554
🕐 10:00-18:00，星期三公休
（適逢公定假日，則順延一日）
🍴 採訪當週的午間套餐￥980
🏠 kamogama.com Map → ⑤ - D - 1

器とごはん KAMOGAMA

LUNCH AT A CAFE

MUMOKUTEKI CAFÉ & FOODS

CAFÉ MARBLE

---

4 MUMOKUTEKI CAFE&FOODS
ムモクテキカフェ　　[寺通町商店街]

由偏向自然親和型消費的雜貨店 mumokuteki所經營的咖啡廳。依著「我所吃的食物，打造了我的身體」的信念，親自經營農場並將食材直送至店內使用。店內所使用的果醬是店內手工自製，另外店內製作的蛋糕和芭菲也都不放砂糖。光是午間提供的餐點就有17種之多，讓你有不知該如何選擇的幸福苦惱。雖然店內一直有很多客人，但因為備有家庭包廂，所以即使帶孩子，也可以放心享用餐點。

🏠 京都市中京区式部町261ヒューマンフォーラムビル 2F
📍 35.00655, 135.76647　☎ 075-213-7733
🕐 11:30-22:00(21:00) 不定期公休(最後點餐時間 21:00)
🍴 豆腐漢堡排套餐 ￥1,080
🏠 mumokuteki.com/cafe
Map → ③ - E - 3

---

5 MORE
　　[神宮丸太町駅]

距離鴨川約3分鐘距離，約介於京都御所及平安神宮之間，是非常適合旅程中想歇息一會兒時的最佳咖啡廳。午餐時段提供漢堡排、青醬燉飯、沙拉等三種選擇，如果在店內用午餐的話，飲料會有折扣。至於飯後甜點，店內也有相當受歡迎的香蕉焦糖鬆餅。咖啡則是從 WEEDKEDERS COFFEE進貨，在店內手沖。因為有兒童獨立空間或特製餐點，因此也是一間很適合帶孩子來的親子餐廳。

🏠 京都市左京区下堤町77エクセル神宮1F
📍 35.01738, 135.77278　☎ 075-741-7750
🕐 11:30-18:00星期日公休, 12月29日~1月5日公休
🍴 漢堡排套餐 ￥1,150、青醬燉飯套餐 ￥1,100
🏠 source-cafe.net　Map → ① - B - 4

---

6 CAFE MARBLE 仏光寺店
カフェマーブル　　[四条駅]

約莫在河原町通及烏丸通之間的咖啡廳。因為與大馬路有一點距離，所以可以安靜從容地度過悠閒時光，而且營業到很晚也是它的優點。只要在營業時間內，隨時都可以點菜單上的餐點，招牌料理是每天更換內餡的法式鹹派餐（QUICHE PLATE）。這棟百年的木造家屋，內部裝潢幾乎沒有更動過，因此氛圍特別雅致。

🏠 京都市下京区仏光寺通高倉東入ル西前町378
📍 35.00141, 135.76275
☎ 075-634-6033
🕐 11:30-22:00(星期日 20:00；最後點餐時間是打烊前 30)，每月最後一週的星期三公休
🍴 法式鹹派套餐 ￥1,100；咖啡 ￥430
🏠 cafe-marble.com　Map → ③ - D - 4

EAT UP

TAMAGO SANDO & CAFE

午後三點的滿足，關西風玉子三明治

在我來到京都之前，一次也沒吃過叫作「玉子三明治」（たまごサンド）的料理。但是很奇怪，自從第一次品嘗到現在，玉子三明治就像是在哪裡吃過一樣，味道似曾相識。

這十多年來，在京都往返旅行中，現在只要一想起京都，第一個想到的就是鬆軟溫熱的玉子三明治。

在旅程中這一點奢侈是可以被原諒的啦！

我是在京都才初次品嘗到玉子三明治的，之後去東京也因為想念這個味道，而走進一家自豪於其悠久歷史的茶坊（只有這樣稱呼它，才能有那種感覺），點了心心念念的雞蛋三明治來享用。然而……咦？這不是我熟悉的雞蛋三明治嘛！沒錯，相同食物在不同地方，也會演變出不同的味道和作法，就像烏龍麵的湯頭也一樣。關東和關西的雞蛋三明治也有顯著的差異。包括京都在內的關西風雞蛋三明治，是用鬆軟的土司夾著厚實的玉子燒；至於東京的關東風雞蛋三明治，則是在土司中夾了雞蛋沙拉，將水煮雞蛋壓碎，拌入美乃滋製成的雞蛋沙拉，是我們小時候要去郊遊或是運動會時常見的料理。甚至，兩個地區偏好的土司厚度也不盡相同，關西是鬆軟柔軟的，而關西則是紮實酥薄的。近來因為關西風玉子三明治在日本全國流行，因此不管去到哪裡，都能吃到鬆軟的玉子三明治，但我還是覺得不管任何料理，都是在當地吃最美味啊！

喫茶 LA MADRAGUE

きっさ マドラグ 〔二条城〕

店內難以用一手掌握的鬆厚玉子三明治，是由已歇業的前西餐廳CORONA（コロナ）傳授祕訣才得以誕生的。無論是週末或是平日，都有非常多人來此指定要吃這一款玉子三明治。就算你是在營業時間之前，就來店前等待，但因為提前用電話預約的客人優先，因此在大部分情況下，你都沒辦法直接進入用餐。從營業時間開始，至少必須等待1小時以上才能輪到。

📍 京都市中京区押小路通西洞院東入ル北側
📍 35.01229, 135.75562 ☎ 075-744-0067
🕐 11:30-22:00(最後點餐時間 21:00)，星期日公休
🍴 玉子三明治￥800；MADRAGUE特調咖啡￥550
🏠 madrague.info Map → ② - B - 3

やまもと喫茶

やまもと きっさ 〔祇園〕

在京都每家店的玉子三明治都各有不同的製作祕訣，但就我個人而言，我最偏愛的是這家やまもと喫茶的玉子三明治了。在整體厚度上，並沒有其他店家那麼膨鬆，一口咬下的時候，比起柔嫩的玉子燒，更先感受到的，便是黃瓜的清脆口感，舌尖在略鹹的前味之後，留下了刺激的辣味。沒錯，這家店的祕訣就是在土司上塗了薄薄一層芥末醬。

📍 京都市東山区白川北通東大路西入ル石橋町307-2
📍 35.00666, 135.77739 📍 075-531-0109
🕐 07:00-17:00(最後點餐時間 16:30)，星期二公休
🍴 早餐套餐(包含飲料和沙拉)￥780；單點玉子三明治￥600；特調咖啡￥400 Map → ① - D - 3

KNOT CAFÉ

ノット カフェ 〔北野天滿宮〕

市售的普通微鹹玉子燒，在遇到烘焙名店lepetitmec的麵包後，味道竟變得特別美味。幾乎一口大小的玉子小漢堡，一份售價￥324，一開始覺得CP值不太高，但是看到餐盤上小巧可愛的漢堡後，因為太可愛而忍俊不禁，噗哧一笑。另一款紅豆奶油小漢堡也非常推薦喔。店內的手沖咖啡使用的是紐約「CAFÉ GRUMPY」的原豆。每當週末及每月25日，就必須等待更長的時間。

📍 京都市上京区今小路通七本松西入東今小路町758-1
📍 35.02868, 135.73824 ☎ 075-496-5123
🕐 10:00-18:00 星期二公休(若遇到25日，則照常營業)
🍴 玉子燒小漢堡￥330；紅豆奶油小漢堡 ￥330
🏠 knotcafe-kyoto.com Map → ② - A - 1

DESSERT

東西洋相得益彰的甜點天堂——京都

在日本，連便利商店裡的甜點都很美味，更何況是精心製作的甜點，味道就更不在話下了。
京都的甜點，忠實呈現了京都這個古今融合城市的樣貌。

DESSERT

---

1 茶寮 宝泉
さりょう ほうせん　　[下鴨神社]

從下鴨神社往北方走約15分鐘，就能看到一間寬大的獨棟住宅，門前掛著顯目的藍色布簾。這裡是主要製作以黃豆為材料的和菓子店「宝泉堂」所經營的。在舖上榻榻米的室內，無論坐在哪一個位置，都能欣賞到庭院的美景。根據季節的不同，也會提供生菓子並搭配飲料。夏天時，坐在涼爽的榻榻米包廂裡，慢慢啜飲著滾燙的茶湯，會讓人對時間的流逝渾然未覺。

🚶 京都市左京區下鴨高木町25　📍 35.0432, 135.77425
☎ 075-712-1270　🕐 10:00-17:00(最後點餐時間 16:45)，星期三、四公休(適逢公定假日，則順延一日)
🍵 季節の生菓子與抹茶套餐￥1,100　🏠 housendo.com
Map → ⑤ - E - 2

2 加茂みたらし茶屋
かもみたらしちゃや　　[下鴨神社]

位於下鴨神社附近，具有百年歷史的「御手洗団子」的專賣店。御手洗団子是將三四個圓圓的年糕糰串起來，放在火上面稍微烤一下，然後塗上以醬油和砂糖製成的黏稠醬汁，也是和菓子的一種。很多人會在這裡吃完再走，也有很多會選擇外帶，因此不管何時，店裡隨時都有客人來來去去。如果外帶的話，每5串￥600。

🚶 京都市左京區下鴨松ノ木町53
📍 35.03967, 135.77074　☎ 075-791-1652
🕐 09:30-19:00(週末 20:00；最後點餐時間是打烊前1小時)，星期三公休
🍵 御手洗団子(3串)￥420　Map → ② - C - 1

3 祇園きなな本店
ぎおんきなな　　[祇園]

可以吃到以黃豆粉製作的京都風冰淇淋的店家。雖然也可以在百貨公司買得到，但來到本店一定要好好品嘗「手工現做黃豆粉冰淇淋」。這種又像冰淇淋，又像鮮奶油的柔順口感，是我從未吃過的味道。綜合了黑芝麻冰淇淋、艾草冰淇淋以及黃豆粉冰淇淋的「きなな聖代」(きななハポン)是店內的招牌商品。

🚶 京都市東山區祇園町南側570-119
📍 35.00232, 135.77428　☎ 075-525-8300
🕐 11:00-19:00(最後點餐時間 18:30)
🍵 手工現做善哷粉冰淇淋(できたてきなな)￥700；KINANA聖代￥1,200
🏠 kyo-kinana.com　Map → ① - D - 3

4 ZEN CAFE
ゼン カフェ　　[祇園]

這是有280年歷史的和菓子老店「鍵善良房」所開設的咖啡廳。雖然位於祇園的北側，但是從周邊的老房子及現代化建築之間穿過來，就能看到一間有著大片落地窗，可以觀賞小庭院景觀的ZEN CAFE。這裡並沒有在裝潢上費過多的心思，只是隨意地在牆面，放了簡單的花瓶點綴。讓你用眼睛享用一次，再用嘴巴享用一次的和菓子，不管搭配咖啡或是熱茶都很速配。

🚶 京都市東山區祇園町南側570-210
📍 35.00304, 135.77354　☎ 075-533-8686
🕐 11:00-18:00 星期一公休(適逢公定假日，則順延一日)
🍵 上生菓子套餐￥1,200　🏠 kagizen.co.jp
Map → ① - D - 3

5 うめぞの茶房
うめぞのさぼう　　[大德寺]

這裡是會讓你驚訝於「羊羹竟然如此漂亮又美味！」的店家。這間店有90年歷史，且在京都中有4家分店的「うめぞの」所開設經營的新型態甜點咖啡廳。除了基本款紅豆羊羹之外，這裡還有檸檬、綠茶、可可亞等8-10種不同口味的羊羹。在一樓點餐，用餐區則是在二樓。因為位於距離稍遠的市區北側，所以不管何時造訪，都能在此度過安靜悠閒的時光。

🚶 京都市北區紫野東藤ノ森町11-1
📍 35.03766, 135.74695　☎ 075-432-5088
🕐 11:30-19:00(最後點餐時間 18:30)
🍵 羊羹￥320-；ほうじ茶(焙じ茶)￥550
🏠 umezono-kyoto.com/nishijin　Map → ② - B - 1

6 出町ふたば
でまちふたば　　[下鴨神社]

1899年即開業的老舖。招牌甜點是「名代豆餅」，一個圓圓的糯米大福，外皮看到一顆顆的紅豆，原先覺得這東西其貌不揚，為何大家要排這麼長的隊伍買它時，沒想到一入口，就因這綿密不膩的豆餡，以及愈嚼愈香的麻糬和紅豆外皮，而讓人感到滿足。但可惜的是，名代豆餅只有一天的保存期限。除了豆餅之外，這裡在不同的節氣及季節，都會推出應景的和菓子。

🚶 京都市上京區出町通今出川上ル青龍町236
📍 35.03009, 135.76956　☎ 075-231-1658
🕐 08:30-17:30 星期二、每月第四週的星期三公休(適逢公定假日，則順延一日)
🍵 名代豆餅(名代まめもち)￥180　Map → ② - C - 1

村上開新堂　　　　　六盛スフレ・カフェコーナー茶庭　　　　　坂田焼菓子店

7 村上開新堂
むらかみかいしんどう

<京都市役所>

這是由1907年開業，京都最古老的百年洋菓子老舖「村上開新堂」所經營的咖啡廳。從村上開新堂創立以來，經過無數客人的千呼萬喚，終於在開業110年後，於賣場的內部，將咖啡廳開了起來。店內的招牌商品是口感比餅乾更鬆軟，比麵包紮實的俄羅斯餅乾。其實除了它之外，這裡也販賣許多季節限定的甜點。

🏠 京都市中京区寺町通二条上ル東側
🌐 35.01382, 135.76747
🕐 10:00-17:00(最後點餐時間 16:30) 星期日、國定假日、每月第三週的星期一公休
🍴 好事福廬(柳橙果凍ー夏季限定) ￥562
🏠 murakami-kaishindo.jp
Map → ② - C - 2

8 一保堂 京都本店 喫茶室嘉木
かずやすどう きっさしつかぼく

<京都市役所>

作為1717年即開幕的日本茶專賣店。許多當地人都是代代相傳成為一保堂的忠實顧客。店內選用的都是天然有機的茶葉，所以會因為天候因素的不同，而讓茶葉的品質出現差異，但他們依然致力於保持茶葉品質的一貫性。在京都本店的內側座位上，你可以自己動手沖泡茶湯。沒有其他的飲品，只有專注在茶的種類做變化，不管點什麼茶品，都會有搭配的和菓子一同上桌。

🏠 京都市中京区寺町通二条上ル
🌐 35.01444, 135.76741　☎ 075-211-3421
🕐 賣場09:00-18:00；咖啡廳10:00-8:00 (最後點餐時間17:30)、年底連續假日公休
🍵 各式茶品 ￥660-
🏠 ippodo-tea.co.jp　Map → ② - C - 2

9 六盛スフレカフェコーナー茶庭
ロクセイスフレカフェコーナーサテイ

<平安神宮>

由高級日式料理餐廳「六盛」所經營的甜點咖啡廳。菜單上只有舒芙蕾一項，最常被點的是香草舒芙蕾，如果點附飲料的套餐的話更划算，但它的咖啡口味並不特別優秀。因為會在客人點餐之後，才開始烤舒芙蕾，故至少要等20分鐘以上。剛出爐的舒芙蕾膨出紙碗相當多，只要在中間挖一個洞，然後將醬汁倒入，就可以混合著舒芙蕾一起享用了。這裡的舒芙蕾入口即化，相當值得花時間等待。

🏠 京都市左京区岡崎西天王町71六盛内1F
🌐 35.01583, 135.77953
☎ 075-751-6171
🕐 14:00-18:00(最後點餐時間 17:00)
🍴 香草舒芙蕾 ￥825；附飲料的套餐 ￥1,320
Map → ① - C - 3

10 坂田焼菓子店
さかたやきかしてん

<北野天滿宮>

就像美國鄉村家庭，媽媽親手烤製出的餅乾一樣，這裡的餅乾和司康，模樣雖然樸實，卻相當健康無負擔。最受歡迎的餅乾，是壓製成站立小熊圖案的「小熊餅乾」。入口時能夠感受麵粉的粗顆粒，所以愈嚼愈香。除此之外，還有使用高品質的檸檬、可可亞等食材，誠心製作的各式餅乾。讓你吃得停不下來，一點也不覺得膩。

🏠 京都市上京区今出川通り六軒町西入西上善寺町181-1-1-B
🌐 35.0297, 135.73992
☎ 075-461-3997
🕐 09:00-17:00 星期二、每月第一週星期一公休
🍴 餅乾 ￥140-；胡蘿蔔蛋糕 ￥453
🏠 sakatayakikashiten.com
Map → ② - A - 1

CHOCOLATE

巧克力，旅程的疲勞恢復劑

太努力四處遊玩，以至於體力耗盡，此時若想快速恢復疲勞，第一首選便是香甜的巧克力了。
近來巧克力專門店如雨後春筍般不斷掘起，這裡列出兩家特別受京都人喜愛的巧克力專門店。

加加阿365 祇園店
カカオ365ギオンテン

祇園

京都的著名洋菓子店「MALEBRANCHE」（マールブランシュ），為了實現「加加阿生活」的概念，而於2014年開業的巧克力專賣店。位於距離花見小路的喧囂一步之遙的小巷中。店內最知名的商品，便是從京都的365天發想，以不同的文章及圖案來表達的巧克力「加加阿365」。在整整一面牆上，密密麻麻地展示著每一天的巧克力和文章，由此可以看出，這間店多麼以自己誕生於京都而自豪。將法式小點「貓舌餅乾」（ラングドシャ）做變化，改造成京都式的「茶の菓」也相當受歡迎。使用宇治抹茶的抹茶茶菓，與白巧克力組合在一起，味道絕妙無比。

📍 京都市東山区祇園町南側570-150
📍 35.00278, 135.77567
☎ 075-551-6060 🕙 10:00-18:00
🍫 加加阿365(巧克力兩入)￥1,000；
茶の菓（小餅乾五入）￥695
🏠 malebranche.co.jp
Map → ① - D - 3

KYOTO 生 CHOCOLATE ORGANIC TEA HOUSE
きょうとしょう
ショコラ オーガニックティーハウス

平安神宮

由專門製作巧克力的主廚先生，以及負責服務客人的加拿大籍妻子，還有一隻坐鎮在店中的棕色條紋店貓，一起經營的巧克力咖啡廳。從山元麵藏往住宅區方向，大約走個3分鐘，就能看見這家店了。脫了鞋子入內，可發現這裡設計成前後都能看到庭院的結構。人氣菜單是「生巧克力套餐」，由甜味、苦味、抹茶、越橘這四種巧克力所組成，再附上一杯咖啡或飲品。沒時間的話，也可以外帶巧克力。

📍 京都市左京区岡崎天王町76-15
📍 35.01602, 135.78628 ☎ 075-751-2678
🕙 12:00-18:00；星期二公休
🍫 生巧克力套餐￥1,100
🏠 kyoto-namachocolat.com
Map → ① - C - 2

MATCHA DESSERT

京都就是抹茶控的天堂！

聞名世界的日本抹茶，入口後沁潤回甘，
以它為主角的豐盛甜點饗宴，僅此於京都可見，日本其他城市是很難看到這景象，
從芭菲、提拉米蘇，再到冰淇淋等等，各式各樣的抹茶等我們品嘗
如果你是抹茶控的話，它會讓你陷入幸福的苦惱。這就是京都。

---

1 祇園小森
ぎをん こもり

祇園

從店名就能看得出來，這家店就位於祇園的中心。它的外觀與內部裝潢都相當古色古香。祇園小森的招牌點心，是「蕨餅芭菲」，裡面加入了大量由蕨粉（ワラビ）所製成的蕨餅（わらび餅）。與台灣的粉粿很相似，但口感卻更加軟Q，不一定符合每個人的喜好。另外，這道芭菲裡還加入了抹茶冰淇淋、抹茶果凍等，吃起來其實相當美味。

🏯 京都市東山区新橋通大和大路東入元吉町61
📍 35.00584, 135.77457
🕐 11:00-20:00(最後點餐時間 19:30) 星期三公休
(適逢公定假日照常營業)　🍧 蕨餅芭菲 ￥1,630
🏠 giwon-komori.com　Map → ① - D - 3

祇園小森

京都的抹茶是從何時開始有名的？

京都市內各處，以及為了參觀平等院，而來到宇治市的話，你會發現舉目所及，全都是抹茶專賣店，無論哪一家店都是使用日本最棒的宇治抹茶。宇治抹茶是名不虛傳且具有悠久歷史的好茶。從13世紀的鎌倉時代便開始栽種茶樹，並以銀閣寺為中心，發展成了蓬勃的東山文化，茶道也開始在日常生活中占了一席之地。而宇治的製茶法，也在江戶時代廣為流傳，並成為日本最主流的製茶法。但是有件事不得不提，事實上宇治的茶園佔地並不大，那麼一旦它開始闖出名號，又該如何應付來自日本全國，如此龐大的消費需求呢？如今的宇治抹茶是在京都府、奈良縣、滋賀縣以及三重縣栽種，並集中送往京都，再依照宇治的製茶方法生產而成的。當然了，在京都生產的抹茶，自然會最先用在京都。

梅香堂

1　　2

因為價錢相對便宜，所以受到附近女高中生的絕對支持與喜愛！

2 梅香堂
ばいこうどう

三十三間堂

位於三十三間堂與東福寺之間位置的甜點專賣店。因為比起其他甜點店，這裡的甜點價格較便宜，因此相當受到附近的女高中生的支持與喜愛。招牌甜點是加入紅豆及鮮奶油的「小倉紅豆抹茶凍芭菲」。如果是夏天來訪，則推薦這裡的日式刨冰（かき氷）給你，至於在10~4月的秋冬季節，店內的鬆餅也是不能錯過的美味。

🏯 京都市東山区今熊野宝蔵町6
📍 34.98553, 135.77426
☎ 075-561-3256
🕐 10:00-18:00(最後點餐時間 17:30) 星期二公休
🍧 小倉紅豆抹茶凍芭菲 ￥830
Map → ⑥ - F - 3

MATCHA DESSERT

5　6　3

就算不使力，
也能輕鬆夾斷的
蓬鬆柔軟

二軒茶屋　うめそのCAFE & GALLERY

3　うめぞの CAFE & GALLERY
うめぞの
カフェアンドギャラリー　　鳥丸駅

在「梅園（うめその）」的各個分店中，這裡是最新穎摩登的一處。這家店也販售了好幾種獨家的甜點，其中最受歡迎的，便是抹茶鬆餅。熱騰騰的抹茶鬆餅上桌後，不是用刀叉而是用筷子食用，更是一絕！就算不使力，也能輕鬆夾斷的蓬鬆柔軟，除了鬆餅之外，還附上了蜜紅豆、奶油及楓糖漿，各有各的風味，為抹茶鬆餅的美味畫龍點睛。

⌂ 京都市中京区不動町180
◉ 35.00607, 135.75595
☎ 075-241-0577
🕐 11:00-19:00(最後點餐時間 18:30)
🍽 抹茶鬆餅 ￥980
🏠 umezono-kyoto.com/cafe
Map → ②-B-3

4　茶房こいし
さぼうこいし　　八坂神社

1936年開業的京飴專製店所經營的咖啡館。京都的糖果又稱為「京飴」，是糖果之中，唯一獲得專利廳頒發的地區團體商標產品。こいし在日文中，是指「小石頭」，也是糖果的別稱。這裡不只是抹茶而已，還有許多用糖果或其他食材製作成的甜點。除了「抹茶戚風芭菲」等主打甜點之外，也有草莓芭菲等季節限定甜點，讓你在店裡也能感受到四季的更迭，是相當用心的店家。

⌂ 京都市東山区祇園町北側286-2
◉ 35.00398, 135.77673 ☎ 075-531-0331
🕐 10:30-19:00(最後點餐時間 18:00)　Map → ①-D-3
🍽 抹茶戚風芭菲 ￥1,210　🏠 g-koisi.com

5　錦一葉
ニシキイチハ　　錦市場

「食べ歩き」能夠讓你拿著食物邊逛邊吃的，當然是位於錦市場之中的這家抹茶專賣店。熱銷的人氣單品是別家沒有的「抹茶爆米花」，裹上了焦糖的爆米花，除了香甜之外，還帶有抹茶的苦澀，讓你吃起來不會膩，手一直停不下來。另外還有加上焙じ茶、玄米茶三種口味混合的爆米花，是許多旅客的伴手禮首選。

⌂ 京都市中京区錦小路通御幸町西入鍛治屋町210
◉ 35.00491, 135.76584 ☎ 050-5571-1304
🕐 10:00-18:00(最後點餐時間 17:30)
🍽 抹茶爆米花聖代 ￥935　🏠 nishiki-ichiha.com
Map → ③-E-3

6　二軒茶屋
にけんちゃや　　八坂神社境内

位於八坂神社境內的茶屋，是擁有480年歷史的知名老字號茶館。一開始是為了服務來八坂神社參拜的香客而開設。將豆腐串起來塗上醬汁後烤香的「田楽豆腐」，據說它的發源地就是在此，且如今依然堅持以古法製作。店內的抹茶芭菲是很受歡迎的甜品。

⌂ 京都市東山区祇園八坂神社鳥居内
◉ 35.0031, 135.77867
☎ 075-561-0016
🕐 11:00-20:00 星期三公休
🍽 抹茶芭菲 ￥1,250
🏠 nikenchaya.jp
Map → ①-D-3

4

不只是抹茶，
還有各種季節品味喔！

BREAD

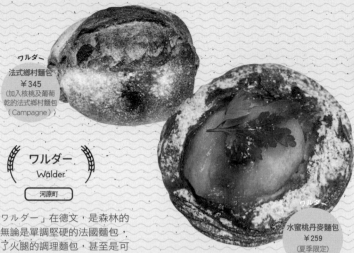
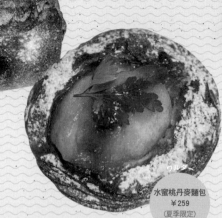

ワルダー
法式鄉村麵包
¥345
（加入核桃及葡萄乾的法式鄉村麵包（Campagne））

FLIP UP!
巧克力貝果
¥173

))) ワルダー (((
Wälder

〔 河原町 〕

店名「ワルダー」在德文，是森林的意思。無論是單調堅硬的法國麵包，或是包了火腿的調理麵包，甚至是可以當作點心的甜麵包等等，在這裡都可以買到。從開店之後，麵包才會漸漸出爐，因此下午來選擇會更多。

ワルダー
水蜜桃丹麥麵包
¥259
（夏季限定）

🏠 京都市坂井町452ハイマートふや町1F
📍 35.00701, 135.76583
☎ 075-256-2850 ⏰ 09:00-19:00 星期四公休
Map → ③ - E - 2

))) FLIP UP! (((
フリップアップ

〔 烏丸御池駅 〕

美味又有嚼勁的貝果，是這家店的招牌。室內空間很小，大約進來三、四個人，就會感覺很擁擠，因此從開店之後，店內便一直人頭鑽動，相當忙碌。巧克力貝果放了滿滿的巧克力，起司貝果也放了滿滿的起司，所以不必再塗奶油乳酪（CreamCheese）或果醬，單吃就夠味。

🏠 京都市中京区押小路通室町東入ル蛸薬師町292-2
📍 35.01234, 135.75826
☎ 075-213-2833 ⏰ 07:00-18:00 星期一、日公休
Map → ② - B - 3

京都人就是愛麵包

))) BOULANGERIE MASH KYOTO (((
マッシュキョウト

〔 四条駅 〕

越過布簾走入店內，感覺上與其說是麵包店，反而更像是和菓子店。除了兩個手掌大的可頌麵包，店裡還有不少其他法式麵包。不過使用京都當地食材製成的獨特麵包，也相當受到顧客喜愛。

🏠 京都市下京区東洞院通高辻下る燈籠町568
📍 34.99981, 135.76106
⏰ 08:00-19:30 星期二、星期三公休
🏠 mashkyoto.com
Map → ② - B - 3

BOULANGERIE MASH
可頌麵包
¥160

FIVERAN
Pâtissière
（克林姆麵包）
¥170
（卡士達奶油麵包）

))) FIVERAN (((
ファイブラン

〔 烏丸御池駅 〕

FIVERAN看起來像一間時尚的大雜貨店，實際上店裡出售多種法式麵包，除此之外，符合日本人口味的新式麵包也不少。店裡也提供各種麵包試吃。

🏠 京都府京都市中京区役行者町377
📍 35.009, 135.75778 ☎ 075-212-5696
⏰ 09:00-19:00 星期二公休；每月第一及第三週的星期三公休
🏠 fiveran.jp Map → ② - B - 3

BOULANGERIE MASH
抹茶菠蘿麵包
¥180

FIVERAN
KitanoKaori
¥160
（日本化的拖鞋麵包（Ciabatta））

BREAD

ANNEE
蝦子南瓜
開放三明治
¥300

KYOTO SIZUYA
明太子法式麵包
¥170

KYOTO SIZUYA
大文字紅豆紅包
¥170

ANNEE
アネ

> 烏丸御池駅

與其外帶麵包,更讓人想好好坐下來享用熱騰騰麵包的ANNEE。尤其是點了午間套餐的話,便可以享用無限制的麵包吃到飽,因此我也不知不覺,在這裡坐了許久。單點兩個麵包以上,可以用較划算的價格,加點湯品或沙拉的套餐。

⌖ 京都市中京区姉小路室町西入ル突抜町139
プリモフィオーレ1F
◉ 35.00974, 135.75767 ☎ 075-222-0517
🕐 11:00(週末 10:00)-22:00 星期四、日公休;每月第三週的星期三公休 Map → ②-B-3

KYOTO SIZUYA 祇園店
志津屋 祇園店

> 八坂神社

自1948年開業之後,光是在京都,就開了20多家分店。包括位於八坂神社正對面的祇園店之外,京都駅、京阪電鐵的祇園四条駅、三条駅等,只要是人潮流動的地方,就會看到它的分店,因此不管是當地人或遊客,都可以很輕鬆地找到。

⌖ 京都市東山区祇園町北側291
◉ 35.00393, 135.777
☎ 075-532-2052 🕐 08:00-21:00
🏠 sizuya.co.jp
Map → ①-D-3

> 京都雖然是一個傳統風格濃厚的城市,但了解之後才知道,京都每年麵包消費量,竟然位居日本城市的前一、二名。知道這件事的人會有多少?「麵包狂」們,我們一起去尋找京都人喜愛的麵包店吧!

しろはとベーカリー

> 烏丸御池駅

一大早就開店營業的樸實麵包店。有很多一隻手掌大小,容易拿取的麵包,價錢相對便宜,因此可以嚐到更多種類的麵包。從特別冗長的麵包名字,就能看出它所用食材以及麵包特色了。

⌖ 京都市中京区西押小路町102-2
◉ 35.01239, 135.76002
☎ 075-223-2242
🕐 07:00-19:00 星期一、日公休
Map → ③-D-1

しろはとベーカリー
用100%全麥麵粉做的柚子麵包
¥160

しろはとベーカリー
醬油與玉米做的拖鞋麵包
(ciabatta)
¥160

LEPETITMEC
蘋果派
¥334

LEPETITMEC 御池店
ル・プチメック 御池店

> 烏丸御池駅

受到「巴黎巷弄某一間平凡的麵包店」啟發,而開設的連鎖烘焙坊。雖然包括今出川的本店在內,所有分店都位於不算太熱鬧的地段。但因為深受喜愛,所以在打烊之前,麵包幾乎就會完售。

⌖ 京都市中京区御池衣棚通上ル下妙覚寺町186ビスカリア光樹1F
◉ 35.0113, 135.75706
☎ 075-212-7735
🕐 09:00-18:00
🏠 lepetitmec.com
Map → ②-B-3

享用精心準備的一餐

在一個國家的旅途中，
在一座城市吃過的每一餐，
都會交織成對它的全部回憶。
就算不是傳統日式料理也無所謂，
在京都吃的餐點，
就當作是「京都味」來記憶它吧！

1 **PADMA**
パドマ
〔京都大學〕

在英語圈的素食評鑑網站上極負盛名。地
點不算方便，從京都大學正門走路5分鐘，
如果覺得有點遠，也可以從京都御所及下
鴨神社走過來。定食除了白飯，也會附上
7-8碟不同菜色。另外，部分餐點是在客
人點餐之後，廚房才會開始處理食材及料
理，雖然花費的時間長一點，但絕對是值
得您等待的美味。我如果住在附近，它肯
定是我每日都想造訪的餐廳。

⌂ 京都市左京区吉田牛ノ宮町25-12
⊚ 35.02586, 135.77664 ☎ 075-708-7707
🕐 11:30-18:00(只有星期三、五、六的點餐時間到 20:30)，
星期四公休
🍽 自然長壽料理法定食（Macrobiotic）¥ 1,200；平和的定食
¥ 1,300 **Map →** ①- A - 3

A SOLID MEAL

2 豚屋とん一 京都寺町店
ぶたやとんいち 〔寺町通商店街〕

全國皆有的炸豬排連鎖店。符合美味、份量足、價格低廉的三大要求。不只有炸豬排，還有許多以豬肉製作的料理，餐點都有水準以上的表現。如果單點還滿足不了你的胃口，只要多付￥100，就能享用白飯及味噌湯。有小孩同行的話，也會被引導去坐在更舒適的座位。

⊕ 京都市中京區寺町通六角下る式部町264
◎ 35.0064, 135.76677 ☎ 075-222-6101
⊙ 11:00-22:00(最後點餐時間 21:30)
◉ 豬排丼單點 ￥650；炸豬排定食 ￥935
Map → ③ - E - 3

3 碓屋
ウスヤ 〔二条城〕

到目前為止，我在日本去過、吃過的鰻魚料理專賣店，幾乎都是由有魄力的白髮廚師駐店的老店，在出發前不知為何，我認定了碓屋也會是那樣的店家。但店裡卻有一個咖啡廳常見的大木桌，旁邊擺著兒童椅，幾位媽媽們聚在一起談天說地，另一邊也有二十多歲的年輕情侶在約會。店主是曾在大阪鰻魚料理老店中修業15年的廚師，為了讓人們更親近鰻魚料理，於是開了碓屋。店裡的氣氛雖然輕鬆休閒，但料理卻一點也不隨便。別說是鰻魚了，就連白米及蔬菜，都是經過精挑細選的。

⊕ 京都市中京區三条通大宮西入上瓦町58
◎ 35.00839, 135.74802
☎ 075-823-0033 ⊙ 11:30-15:00(最後點餐時間 14:00)
18:00-22:00(最後點餐時間 21:00) 星期三公休
◉ うめし重(梅重) ￥1,500 ♠ usuya.net
Map → ② - B - 3

4 とようけ茶屋
とようけちゃや 〔北野天滿宮〕

於1897年的小豆腐店起家，本店就開在它南方500公尺處。與京都的其他豆腐店相比，它的價格相對便宜，當然味道並不會因為便宜而打折。店裡提供各種豆腐製作的餐點，但特別推薦不放任何醬料，單純突顯出豆腐香醇原味的熱豆腐定食。

⊕ 京都市上京區今出川通御前西入紙屋川町82 ◎ 35.02781, 135.7356
☎ 075-462-3662
⊙ 11:00-15:00 豆腐店 09:00-18:00 星期四公休(逢25日照常營業)
◉ 京野菜と生湯葉膳 ￥1,782；湯豆腐膳 ￥1,188 ♠ toyoukeya.co.jp
Map → ② - A - 2

5 出町ろろろ
でまちろろろ 〔下鴨神社〕

在下鴨神社與京都御所之間，出乎意料地有許多隱藏版美食店家，出町ろろろ正是其中之一。在此必點的招牌菜是由兩個托盤，分開來盛裝飯與配菜的ろろろ便當。精緻的盛盤，在動筷之前，已先讓眼睛吃一輪。配菜的樣式，視每天進貨的蔬菜種類不同而異，白飯也特意煮得有嚼勁，甚至連焦香的鍋巴一起上桌。

⊕ 京都市上京區今出川通寺町東入一真町67-1 ◎ 35.03012, 135.76856
☎ 075-213-2772
⊙ 11:30-14:00 18:00-20:30
每月第二及第四週的星期日休息
◉ お昼のろろろ弁当 ￥1,080
Map → U ② - C - 1

A SOLID MEAL

京都市東山区祇園町北側244　🔘 35.00396, 135.7736
☎ 075-541-5277　🕐 11:00-14:00　17:30-21:00(最後點餐時間 20:30) 星期三公休
🍴 穴子天丼　￥1,200　🏠 tensyu.jp　Map → ① - D - 3

6　天周
てんしゅう　　　　祇園

在天婦羅及在晶瑩飽滿的白飯上淋上香而不鹹的醬汁，再放上三片厚實的炸鰻魚，這碗香氣極為誘人的星鰻丼就完成了。一口咬下鰻魚，你會驚豔於它的香酥口感。經濟實惠的丼飯僅在午間提供，晚餐時段不提供單點服務，只提供5,000日圓的定食料理。

7　京都モダンテラス
きょうとモダンテラス　平安神宮

就在蔦屋書店的二樓，天花板很高、窗戶很大，即使位於室內，也能清楚看見戶外的風景。如果坐在陽台的話，可以看到平安神宮與東山。從大清早到深夜，您都可以在此享受餐點、咖啡，甚至是酒水服務。

🔘 京都市左京区岡崎最勝寺町13 ロームシアター京都パークプラザ2F
🔘 35.014, 135.78156
☎ 075-754-0234
🕐 08:00-23:00
🍴 早餐料理￥800-；午餐定食￥2,800
🏠 kyotomodernterrace.com
Map → ① - C - 3

8　青おにぎり
あおおにぎり　　哲學之道

日式的三角飯糰「御飯糰」，是用醋飯精心捏製的御飯糰種類繁多，足足有二十種。極推薦糙米飯加簡單調味的鹽味御飯糰（￥190）。在午餐時段（11:30-14:30）必須點三個御飯糰（￥500）以上，或是加點味噌湯及玉子燒。

🔘 京都市左京区浄土寺下南田町39-3
🔘 35.02349, 135.79335 ☎ 075-201-3662
🕐 11:30-售完為止。星期一公休，星期二不定期休
🍴 各式御飯糰￥140-　🏠 aoonigiri.com
Map → ① - B - 1

9　まつは
　　　　　　　　京都市役所

提供定食、咖啡，甚至酒水。昏暗的室內總讓人有夢幻的感覺，看似隨意擺放的各式裝飾品，每一個都很別緻。很難用文字形容這裡的氣氛，還是親自過來一趟，說不定您會瞬間陷入京都風情中。

🔘 京都市中京区晴明町671
🔘 35.01358, 135.76514
☎ 075-231-7712
🕐 10:00-22:00(最後點餐時間21:00)，星期日、一公休
🍴 今日特餐￥1,500
🏠 matsuha225.com
Map → ② - C - 2

A SOLID MEAL

10 卵SAGIの一歩
みょうサギのいっぽ 〔平安神宮〕

京都家常味定食專賣店。餐廳位於距離平安神宮只有10分鐘步行路程的安靜小巷內。從大窗戶觀賞花園的同時，還可以品嘗到美味佳餚。在傳統古屋氛圍品嘗京都傳統家常料理猶如回家吃媽媽料理一般，即使每天吃都不會厭倦，搭配有光澤的白米飯嚼勁，只覺得越咀嚼越甜。

京都市左京区岡崎円勝寺町91-23
35.01107, 135.78379 ☎ 075-201-6497 ⏰ 11:00-17:00，星期三公休
今日京都傳統家常料理套餐 ￥1,680 Map → ① - C - 2

11 光兎舍
こうさぎしゃ 〔銀閣寺〕

近來相當熱門的素食餐廳之一。一樓是展覽空間，二樓才是餐廳。沒有倆人及四人座，只有中央一個大型木桌，因此即使是單獨前來，也能很自然地與其他人併桌。招牌料理是包含湯品在內的10道配菜，擺在同一個盤子上的「光兎舍プレートランチ」。如果不吃白飯的話，還可有￥100的折扣。

京都市左京区浄土寺上馬場町113 木のビル
35.02501, 135.79177
☎ 075-761-7707 ⏰ 12:00-19:00 星期一、二公休
光兎舍ごはんプレート（光兎白飯定食）￥2,200
🏠 kousagisha.com Map → ① - B - 1

12 つばめ
〔一乗寺駅〕

這是我在一乗寺附近散步時，偶然發現的餐廳。畫了燕子的白色看板及刷白的牆面，都讓人感到心情放鬆。今日特餐沒有固定的供餐時段，只要還有食材，隨時都可以點。在你逛到錯過飯點，卻想好好吃一餐時，推薦您來這個地方。

京都市左京区一乗寺払殿町50-1
35.04385, 135.78674
☎ 075-723-9352
⏰ 11:30-20:30 星期一公休
今日特餐 ￥850
Map → ⑤ - E - 2

13 グリルキャピタル東洋亭 ポルタ店
〔京都駅〕

京都百年洋食餐廳，東洋亭創立於1897年。招牌料理是被鋁箔紙包覆住的漢堡排（ハンバーグステーキ），肉汁濃郁，如果選擇套餐的話，還包含了番茄沙拉和烤馬鈴薯，料理方式簡單卻很美味。東洋亭最最有名的還有「百年布丁」。

京都駅前ポルタ地下街 34.98697, 135.75755
☎ 075-343-3222 ⏰ 11:00-22:00(最後點餐21:15)
漢堡排午餐套餐 ￥1,320 🏠 touyoutei.co.jp
Map → ② - B - 4

NOODLE

拉麵、烏龍麵、蕎麥麵，缺一不可

哪種拉麵才最道地？哪種烏龍麵才是正宗？這種修飾語，在京都是行不通的。
不管是拉麵、烏龍麵，或者是蕎麥麵，
都不再是道地的日本味道，全都重新進化為京都自己的風味。
就算沒那麼正宗又如何？只要好吃就行了！

1 らーめん千の風
拉麵千之風 　四条河原町

一到用餐時段，至少要排隊30分鐘以上才能入內。先在店門口寫上名字，拿著標有編號的木牌就可以了。周邊原本就很熱鬧，對面的畫廊前有長椅可坐，讓等待的時間沒那麼辛苦。這家是京都境內，外國人比率最高的拉麵店，如果你擔心口味會配合外國人而改變，那就是杞人憂天了。室內輕緩流淌的爵士樂、老夫妻親自煮的拉麵，調味剛剛好，叉燒也有些許火烤的滋味。

🏠 京都市中京区新京極通四条上ル中之町580
📍 35.00457, 135.76752
☎ 075-255-0181
🕐 12:00-22:00 星期一、二公休(如星期二適逢公定假日，則照常營業，隔日補休)
🍜 京の塩ラーメン（京之鹽味拉麵）
¥930；京のしょうゆラーメン（京之醬油拉麵）¥930
🏠 ramensennokaze.com　Map → ③ - E - 3

拉麵

1

2 和醸良麺 すがり
わかもりょうめん 　烏丸駅
すがり

因為沒有店招牌，只能從入口右方的木條隔柵，看到裡面正在吃麵的人群，這才確定找對了地方。最受歡迎的料理是つけ麵（沾麵），醬汁中加了沒有異味，處理地相當乾淨的大腸，吃起來與用海鮮和雞熬成的高湯相當對味，與一般麵粉相比，選用了纖維較多的全麥麵粉來製作麵條。

🏠 京都市中京区観音堂町471-1
📍 35.00426, 135.75729
🕐 11:00-15:00(週末 16:00) 18:00-22:00
🍜 味玉もつつけ麵（溏心蛋牛雜沾麵）
¥1,000　Map → ② - B - 3

2

3

3 吟醸らーめん久保田
吟醸拉麵久保田 　西本願寺

這裡可以吃到別處吃不到的味噌沾麵。用海鮮熬的湯頭，加入好幾種味噌調合，口味比擔擔麵更辣一些。有嚼勁的粗麵，口感極佳，吃得時候建議不要攪拌浮在湯上的魚肉和胡椒，直接沾用可以吃到濃郁沾醬的層次感。吃完麵後，將桌上保溫瓶中的清湯倒入碗中，原本的湯頭又會變成另一種風味。點餐時使用自動販賣機即可。

🏠 京都市下京区西松屋町563フジ萬ビル1F
📍 34.99294, 135.75524 ☎ 075-351-3805
🕐 11:00-14:30 18:00-22:00 星期一公休
🍜 吟醸つけ麵みそ（吟醸沾麵味噌）
¥870 Map → ② - B - 4

4 山崎麺二郎
やまざきめん 　圓町駅
じろう

這家拉麵店很值得您專程跑一趟。以雞湯為湯底的鹽味拉麵，湯汁透明發亮，可以感受到店家在熬煮湯頭上的用心。麵條使用的是自製的中華麵條。周遭沒什麼景點，因此如果你有一日巴士乘車券的話，可以先去金閣寺參觀後，再搭上往京都站方向的巴士，這樣安排行程會更順暢。

🏠 京都市中京区西ノ京北円町1-8
📍 35.01949, 135.73158 ☎ 075-463-1662
🕐 11:30-14:00 18:00-22:00 星期一、二公休
🍜 鹽味拉麵¥750；沾麵¥700
Map → ④ - C - 2

4

NOODLE

需要解酒嗎?!

◆ ほんけ だいいちあさひ ◆
本家 第一旭 たかばし本店

京都車站

在旅途中因興致高昂而喝多了嗎?如果想喝一碗熱湯解酒的話,此處便是您最好的選擇。從京都駅走路7分鐘,就能抵達這間京都著名的拉麵店「本家第一旭」。它是日本少見營業時間相當久的店家。拉麵上毫不吝惜地擺上大量青蔥,如果青蔥吃不夠的話,還可以免費追加。

⊕ 京都市下京区東塩小路向畑町845
⊚ 34.98668, 135.76249
☎ 075-351-6321
⊕ 06:00-25:00 星期四公休
⊜ 特製拉麵￥800 Map→⑥-E-3
⌂ honke-daiichiasahi.com

烏龍麵

山元麵蔵

---

5 山元麵蔵
やまもとめんぞう　　平安神宮

不只在京都,即使是在日本全國,它也是首屈一指的烏龍麵店。就算是在非用餐的下午四點過來,依然是高朋滿座,店外也有人排隊等候。這裡有一樣料理與烏龍麵齊名,那便是炸牛蒡。對台灣人而言湯頭偏鹹,但搭配上炸牛蒡,口感便中和了很多。店員們即使忙得不可開交,依然隨時確認顧客的餐點,尤其是盛夏時會奉上冰鎮濕紙巾。這裡的確是口味和服務都非常傑出的店家。

⊕ 京都市左京区岡崎南御所町34
⊚ 35.01429, 135.78482 ☎ 075-751-0677
⊕ 11:00-18:00(星期三到 14:30),星期四公休,每月第四週的星期三公休(若麵逢公定假日,則順延一日)
⊜ 土ゴボウ天うどん￥1,000 yamamotomenzou.com
Map→①-C-2

---

6 仁王門うね乃
におうもんウネノ　　平安神宮

店內使用的是日式清澈高湯,那些用於熬湯的食材,甚至展示出來販賣。可見它的湯頭有多麼地棒。為了更好地品嘗湯頭,建議點熱賣烏龍麵。熱賣的有放上豆皮的豆皮烏龍麵,以及加入滿滿牛肉及青蔥的肉蔥烏龍麵。這裡使用的青蔥可不是一般的蔥,而是京都著名的九条蔥。它也是我在京都吃過的烏龍麵中,口感最Q彈的一家。

⊕ 京都市左京区新丸太町14
⊚ 35.01185, 135.77319 ☎ 075-751-1188
⊕ 11:30-15:00 16:30-19:00 星期四休,每月第三週的星期四公休
⊜ 豆皮烏龍麵￥850;肉蔥烏龍麵￥1,400
⌂ odashi.com/udon Map→①-C-4

---

7 日の出うどん
ひのでうどん　　永觀堂

從永觀堂往哲學之道走,路旁就有這麼一家小小的烏龍麵店。招牌是咖哩烏龍麵,可以自行選擇咖哩的辣度。建議喜歡吃辣的您可以點「激辛」因為它的辣度差不多是「小辣」程度而已。有點年紀的店員們,就像鄉下老奶奶一樣富有人情味,甚至還會一些簡單的中文問候詞。

⊕ 京都市左京区南禅寺北ノ坊町36
⊚ 35.01638, 135.79366 ☎ 075-751-9251
⊕ 11:00-15:30 星期日公休,每月第一及第三週的星期一公休
⊜ 肉咖哩烏龍麵￥900
Map→①-C-1

051

NOODLE

蕎麥麵

8 蕎麦工房 蕎麦の実よしむら
そばのみ よしむら　[東本願寺]

本店位於東山。與始終擁擠忙亂的本店不同，位於東本願寺的這間分店，幾乎不需要等待就能上桌。因為也有中文版的菜單，所以點餐方面不會有困難。而店內自製蕎麥麵的蕎麥含量相當高，雖然口感沒那麼Q彈，但麵條卻香氣十足。在即將結束用餐，吃完蕎麥冷麵之後，店家會送上煮麵水，讓你稀釋冷麵的醬汁，當作湯品來飲用。

🏠 京都市下京区五条烏丸東入る北側
📍 34.99645, 135.76022　☎ 075-353-0114
🕐 11:00-14:30　17:30-22:30(最後點餐時間 22:00)
🍜 平日限定之本日定食￥1,128　Map → ② - B - 4

9 本家尾張屋 本店
ほんけおわりや　[京都御所]

自1465年創業至今已有550年以上的歷史。它隨著京都一同走過歷史。原本是一間菓子店，但從江戶時代中期之後，就開始賣起蕎麥麵。也曾向王室和寺廟供貨品。它的招牌「寶來蕎麥麵」是由五層餐盒盛裝的。裡面有冷的蕎麥麵及炸蝦、香菇、芝麻等各種配菜，只要沾著冷麵醬汁吃就可以了。除了寶來蕎麥麵之外，蕎麥湯麵、蕎麥冷麵等基本款表現也相當出彩。店面的一樓也有販賣蕎麥製成的餅乾、麵條，以及冷麵醬汁。

🏠 京都市中京区車屋町通二条下る
📍 35.01279, 135.76012　☎ 075-231-3446
🕐 11:00-19:00(最後點餐時間 18:00) 1月1日、2日公休
🍜 寶來蕎麥麵￥2,160；蕎麥湯麵￥756
🏠 honke-owariya.co.jp　Map → ② - C - 2

EAT UP

SUSHI

不太一樣的古都壽司文化

來到日本，如果錯過壽司，那就太可惜了。
雖然沒有臨海都市大阪及東京的魄力，可屬於京都的京壽司去更具特色，可謂是種可食的工藝品。
有機會品嘗後，你會愛上它清淡有韻的美味深度，再也難以與它分開了。

---

1 京のすし処 末廣
すえひろ
　　　　　　　　　　　　[京都市役所]

受到京都人民200年來的喜愛。店裡完整保留了本身的歷
史。我們平時常見的那種一個個用手握成的「握壽司」，是
從19世紀初才出現的。而用京都前海捕獲的海鮮製作的，就
叫做「江戶前壽司」。與它差不多時期出現的關西壽司卻有
點不同。在四方形木箱裡，先舖上海鮮，再疊上白飯，定型
後再切成一口大小，這正是關西風的「箱壽司」。在末廣壽
司便是能嘗到箱壽司的店家。當然也有熟悉的江戶前壽司。
將海鮮先蒸過再製作的冬季限定版「蒸壽司」也很受歡迎。
雖然口味陌生，會懷疑是否符合胃口，但如果你想嘗嘗真正
的京都傳統味道，推薦您一定要來此嘗鮮。店裡也備有附上
照片的英文版菜單。

🏠 京都市中京区寺町通二条上る要法寺前町711　⊕ 35.01439, 135.76714
☎ 075-231-1363　🕐 11:00-19:00 星期一公休　🍱 箱壽司 ￥1,200
🌐 sushi-suehiro.jp　Map → ② - C - 2

---

2 いづ重
いづじゅう
　　　　　　　　　　　[八坂神社]

百年來深愛京都人民喜愛的
壽司店。以「鯖姿壽司」聞
名，其壽司甚至有京都第一
或日本第一之稱。因為是鯖
魚製作的壽司，也許會擔心
會有腥味，但品嘗後，卻沒
有想像中的腥味，反而是入

口即化，口齒留香。口味比濟州島的鯖魚味道更濃郁。包著鯖
魚壽司的海帶，在吃之前必須先去掉。如果一個人點鯖魚壽司
感到負擔的話，也可以點與箱壽司混合的組合。店家本身很有
名氣，也位在觀光客經常造訪的區域，因此店裡也備有英文菜
單。

🏠 京都市東山区祇園町北側292-1 ⊕ 35.00399, 135.77707　☎ 075-561-0019
🕐 10:30-19:00(最後點餐時間 18:30) 星期三公休(若適逢公定假日則順延一日)
🍱 鯖壽司 ￥2,538　🌐 gion-izuju.com　Map → ① - D - 3

---

3 寿しのむさし 三条本店
すしのむさし
　　　　　　　　　　　[河原町三条]

如果只想輕鬆吃點壽司的話，那就沒有比迴轉壽司更好的選擇
了。店家位於河原町的北方，是本地人及觀光客都經常造訪的
迴轉壽司店。每盤只要均一價 ￥146 的壽司，有分加芥末及不
加芥末的。要特別注意的是，已經拿取的壽司，再放回轉盤是
十分不禮貌的行為。請各位在挑選壽司時務必要先想清楚。

🏠 京都市中京区河原町三条上ル恵比須町440　⊕ 35.00894, 135.76872
☎ 075-222-0634　🕐 11:00-21:45(最後點餐時間 21:30) 1月1日公休
🍱 每盤均一價 ￥146(稅金另計)　🌐 sushinomusashi.com　Map → ③ - F - 2

CURRY

原來京都是咖哩聖地？

對速食咖哩或印度咖哩熟悉的人而言，來到京都吃到京都咖啡，絕對會讓你目瞪口呆。
一是驚訝於京都咖哩種類的多樣化，另一是印度料理竟能如此完全被「日本化」。
每家餐廳的每一道咖哩，都有屬於它自己的獨家配方，並用文火耐心地燉煮而成。
如果認為咖哩變不出新花樣的人，來到京都可是會被實力打臉的喔！

1　カオススパイスダイナー
KHAOS SPICE DINER

京都市中京区新京極通三条下る桜之町
406-28 AIビル 2F
35.00781, 135.76718 ☎ 075-212-1120
11:30-22:00(最後點餐時間 21:30)
選擇普通份量的其中一種咖哩 ¥950
khaos-spicediner.com
Map → ③ - E - 2

寺町通商店街

位於寺町通商店街與新京極百貨中間的連通道上。寬敞的用餐空間，挑高的天花板，宛如是一間超時尚咖啡店。招牌料理是絞肉做成的「肉末咖哩」，獨特的香料配方混搭和風湯頭，卻不互相搶味。咖哩種類除了肉末咖哩之外，還有另外兩種選擇，如果你想試試不同的咖哩風味，就來這裡吧！

2　スパイスチャンバー
SPICE CHAMBER

四条駅

京都市下京区室町通綾小路
下る白楽天町502福井ビル1F
35.00233, 135.75804
☎ 075-342-3813
11:30-15:00(星期二、四晚間
營業18:00-21:00) 星期日及國
定訂日公休
肉末咖哩（Keema Curry）
¥1,100；起司配料 ¥100；追
加酸黃瓜 ¥50
spicechamber.com
Map → ② - B - 3

如果你小看日本辣度的話，來到這裡會讓你淚水與鼻涕齊流。起司配料可不是憑白無故存在的，只要你吃了一口就會明白原委。Spice Chamber的肉末咖哩是我在日本吃過最辣的咖哩，所以也吃得最香最起勁。日本客人百分之百都會加點起司配料。店內自製的酸黃瓜第一次是免費提供，追加的話則必須再付 ¥50。

3　カラヒカレー
KARAHI CURRY

四条河原町

京都市下京区四条寺町下がる
貞安前之町619朝日ビル2F東
35.00305, 135.76699
☎ 075-555-9974
11:30-15:00(最後點餐時間
14:30) 18:00-21:00(最後點餐時
間 20:30) 星期一公休（適逢公
定假日，則順延一日）
雞肉咖哩 ¥800
karahicurry.sakura.ne.jp
Map → ③ - E - 4

菜單上只有「雞肉咖哩」一項。它不是從大鍋中直接舀出來的，而是每次接受點餐後，重新煮一份新的咖哩。雖然等待的時間較久，但咖哩的味道卻更清爽。切丁的雞胸肉，吃起來口感極佳。飲料有印度香料茶（Chai tea）及啤酒兩種選擇，印度茶喝起來淡而無味，我並不推薦。

CURRY

4

6 ウサギノネドコ
USAGINONEDOKO
〔西大路御池駅〕

歷史久遠的這一棟木造家屋民宿，裡面同時也是雜貨店與咖啡廳，是一間複合式的營業場所。這裡販賣的物品是罕見的植物、礦物以及標本。咖啡廳的內部裝潢，用的全是天然的造型物。咖哩則是從玻璃黑隕石得來的靈感，咖哩上桌時，也會展示真正的黑隕石給你看。暗黑色的咖哩入口時，是蘋果及蜂蜜的甜味，最後留下的卻是刺鼻的辣味。

京都市中京区西ノ京南原町37 ⑨ 35.01079, 135.73379
☎ 075-366-6668 ⏰ 11:30-20:00(最後點餐時間 19:00) 星期四公休
🍽 隕石咖哩 ￥972 🏠 usaginonedoko.net Map → ② - A - 3

4 森林食堂
しんりんしょくどう
〔二条城〕

這家店的營業時間總是時有時無，所以在推薦時我還滿猶豫的。但在我第一次看到它時，就迷上這家小店，因此想一定要介紹給大家知道。分明看過應該是有營業的日子，沒想到卻接連撲空兩次，直到第三次才終於吃到他們的咖哩。招牌菜單是「肉末咖哩」，以及「肉末菠菜咖哩」。這裡的咖哩口味很獨特，整體味道不會被刺激的辛香料蓋過去，反而是香蜂草及奧勒岡的香草氣味更加突顯。另外其他店沒有的「野豬肉咖哩」也是它的名物。室內空間點綴的綠意盎然，相當有魅力。

京都市中京区西ノ京内畑町24-4
⑨ 35.01433, 135.73916 ☎ 075-202-6665
⏰ 11:30-15:00 18:00-22:00 6 六的倍數日公休
🍽 肉末咖哩 ￥700；肉末菠菜咖哩 ￥800
🏠 shinrin-syokudo.com
Map → ② - A - 2

7 ASIPAI + HIBICOFFEE KYOTO
アジパイ + ヒビ コーヒー
〔京都駅〕

這是京都府的鄰居鳥取縣知名咖哩店的分店。在小巷子底的一角，青年旅舍與咖啡廳彼此相連。「每日咖哩」雖然因為創意滿滿，總是勾起人的好奇心，但這家店的招牌還是「鳥取雞肉咖哩」和「鳥取豬肉咖哩」。如同札幌的湯咖哩一樣，咖哩醬汁稀薄清爽，也許是因為加了鮮奶油、牛奶或奶油的關係，可以吃到乳製品特有的柔順感。

京都市下京区七条通河原町東入材木町460
⑨ 34.98955, 135.7645 ☎ 075-276-3526
⏰ 11:30-15:00(最後點餐時間 14:45) 18:00-21:00 星期二公休
🍽 鳥取雞肉咖哩（鳥取のとりカレー） ￥880
Map → ② - C - 4

5 SONGBIRD COFFEE
唄鳥咖啡
〔二条城〕

由Songbird Design Store所開設的咖啡館，可愛鳥巢造型的咖哩飯卻似乎比設計工作室更有名氣，占盡了版面。做成扁平圓柱體的白飯淋上了褐色的咖哩，然後上面再放一顆白淨的水煮蛋。用湯匙將蛋一分為二時，半熟瑩亮的蛋黃順著白飯向下流。咖哩的口味稍微偏甜。咖啡廳的另一側，擺放了許多設計商品可供選購。

京都市中京区竹屋町通堀川東入西竹屋町529
⑨ 35.01623, 135.75221
☎ 075-252-2781 ⏰ 12:00-20:00(最後點餐時間 19:20) 星期四及每月第一、三週的星期三公休
🍽 唄鳥咖哩 ￥900
🏠 songbird-design.jp
Map → ② - B - 2

7

5

ALCOHOL

越夜越美麗的京都

與碎步急走準備上班的藝妓背影一起,京都的天空也漸漸沒入了黑暗。
即便是每天至少都會經過一座神社或寺廟,見到數十尊神明的京都人,
最終要釋放一整天生活的壓力,也許靠的並不是信仰,而是談得來的好友,以及入夜後的一杯生啤。
待在居酒屋、雞尾酒吧,甚至是便利商店,夜就這麼愈來愈深了。

「酒量是一杯啤酒」的京都

老實說,從第一次踏上日本這塊土地直到現在,已經過了11個年頭,中間也飛來飛去數十次之多,卻不曾獨自去酒館喝過酒。是因為不喜歡喝酒?NO!是因為我的酒量僅僅只是一杯啤酒。就連「多喝就能練起來」這句話也救不了我。我在日本喝酒的經驗,大概就只剩去便利商店買一罐香甜的「微醺(ほろよい)」,回宿舍一個勁地喝,最終連半罐也沒喝完,就倒在床上睡了過去,如此而已。這一篇是我這個不會喝酒的人,去了20多處的酒館,漸漸累積的好奇心及訣竅的筆記。

1 酒和下酒菜的種類實在太多!甚至很多是用手寫,根本看不懂菜單。
酒和下酒菜的種類多達數十種,再加上用的不是清晰的印刷菜單,而是龍飛鳳舞的手寫字,就算會日文也沒什麼幫助,根本很難讀懂。這時,點推薦料理就不會有錯。酒的品項直接問店員,下酒菜則從「今日推薦」中選擇就好。用日文或英文都可以,只要說「o su su me」(お勸め:おすすめ)」或「Recommend」這兩個單字,就萬事大吉了。

2 還沒點餐就上小菜?
我曾在歐洲發生過一件事。我只點了一份餐點和一杯飲料,但在結帳時,卻發現帳單上多了一筆額外的支出。那是我們國家的餐廳和酒館根本想像不到的座位費。而日本同樣也有類似的文化,在日本稱為「お通し」,店家會上一道簡單的下酒菜,然後向客人酌收¥300-500的費用。本書所提到的所有酒館,只有「益や酒店」有¥350的お通し,且會連同下酒菜送上一杯大小如燒酒杯的清酒(さけ)。要不是我曾有過歐洲的經驗,還差點以為自己被佔寬大頭了呢!

3 下酒菜好吃且便宜。
我曾在韓國的立飲酒館中,點了一份15,000韓圓的長崎強棒麵,要價驚人。但在日本的採訪中,無論喝的是啤酒、清酒或是紅酒,所有酒館的下酒菜全都是基本¥300起跳。當然都只是一小盤的水煮毛豆,或是薯條而已,雖然份量都很少,但如果先用小點的話,只是想來喝杯小酒的話,那也不必勉強自己,去點昂貴的下酒菜。不過,因為價格便宜的關係,就這個那個的一直點,最終還是會逃不過錢包失血的下場啦!

1 京都釀造 KYOTO BREWING CO.
きょうとじょうぞう

東寺

一個威爾斯人、一個美國人及一個加拿大人,意氣相投,都想在京都做出美味的啤酒。於是這三個外國人創立了京都釀造,就這麼在京都拔地而起,成了京都人的驕傲。雖然現在在京都大部分的啤酒館裡,都已經可以喝得到京都釀造的啤酒了,但在釀造場喝起來感覺就是與眾不同。每到週末,許多啤酒狂熱者,都會齊聚在此,將買來的啤酒和對方分享,更從推薦分享的過程中,破冰成了好朋友。在這個地方,不分國籍、年齡、性別等,用啤酒來實現世界大同,乾杯!

ALCOHOL

2 ビア小町
BEER KOMACHI

東山駅

在少有店家點燈營業，即使白天也顯得陰暗的商店街中，只有這麼一個地方，充滿了人聲笑語。這裡是一位在30年之中，走遍了京都無數酒館和居酒屋的大叔所推薦的店家。這裡不只有京都啤酒而已，還有其他各地方的啤酒輪流替換。改造營業用冰箱，拿來放大啤酒桶的情形，是這裡的特色。下酒菜從基本的炸薯條（￥450）、綜合堅果（￥330），一直到視當天進貨食材不同，做成每日不同的「今日下酒菜」，種類繁多。也有提供英文菜單。

⌂ 京都市東山区八軒町444　◉ 35.00903, 135.77899　☎ 075-746-6152
◷ 17:00(週末 15:00)-23:00(最後點餐時間 22:30)
🍺 生啤酒500ml ￥950-；下酒菜 ￥330-　Map → ① - D - 3

3 SPRING VALLEY BREWERY KYOTO
スプリングバレーブルワリーきょうと

烏丸駅

由日本領先的啤酒品牌Kirin Kirin經營的手工啤酒店。這是一棟位於錦市場富小路通上百年町家改造成的手工精釀啤酒餐廳。當您進入入口後，首先看到的是透明的釀酒室。這裡提供六種原創啤酒Core Series，每一種都有其特別不同的風味，除了啤酒之外也提供各式餐點搭配享用，由裡到外充滿濃濃的日式風情。

⌂ 京都市中京区富小路通錦小路上る高宮町587-2
◉ 35.00542, 135.76472　☎ 075-231-4960　◷ 11:00-23:00 (最後點餐 22:00)
🍺 BEER FLIGHT PAIRING SET ￥2,300　⌂ www.springvalleybrewery.jp
Map → ② - E - 3

4 BUNGALOW
バンガロー

烏丸駅

從河原町通沿著四条通走來，經過烏丸駅之後，此時開始，周遭環境就會明顯得變安靜。
之後再走個大約十分鐘，就會發現BUNGALOW這家店。正想著「這裡開酒館能撐得下去啊」沒想到又發現，它居然有有兩層樓。一樓是吧檯和「立飲」區，二樓則是可以坐下來慢慢喝酒的桌椅坐席。水和紙巾是自助的，也有英文菜單。

⌂ 京都市下京区柏屋町15　◉ 35.00352, 135.75285　☎ 075-256-8205
◷ 12:00-22:00 星期日公休(若適逢國定假日，則順延一天)
🍺 啤酒 443ml ￥950；下酒小菜 ￥300-　⌂ bungalow.jp　Map → ② - B - 3

5 レボリューションブックス
REVOLUTION BOOKS

四条河原町

這是一家同時賣酒的書店，這樣新型態的店家在日本最近多了不少。我為了書籍走了不少這類店家，其中最好的便是這家Revolution Books了。以無座位居酒屋風格為主，在這裡可以小酌，可以用餐，輕鬆享受「書」與「食」的和諧。當日落西山，櫃台便開始聚集人群，此時白天供人閱讀的家具，就成了吃喝用的桌子。酒的種類從啤酒、沙瓦、高球（High Ball）、燒酒、清酒，一直到紅酒，應有盡有。店裡提供的啤酒，不是近來流行的小規模釀酒廠出品的，而是惠比壽啤酒（yebisu）。雖然酒的種類很多，但與其他賣酒的書店相比，它的下酒菜才是亮點。櫃台後方貼著滿滿的各式菜品，讓人看得眼花瞭亂，想省事可以點「今日推薦小菜」，就一切搞定。

⌂ 京都市下京区西木屋町通船頭町235番まりC号
◉ 35.0024, 135.76996　☎ 075-341-7331
◷ 13:00-23:00　⌂ revolutionbooks.jp　Map → ③ - F - 4

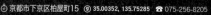

ALCOHOL

6 益や酒店
マスヤサケテン

四条河原町

一進到店裡，右邊牆上擺著滿滿手臂般的酒瓶，令人眼睛為之一亮。小時候家裡祭祀時，長輩們口裡念念有詞的「正宗」，也是這裡的清酒品牌。它不愧是清酒專賣店，店裡總是準備著40種上下的不同清酒。在這麼多選擇下，如果不是專業酒客，很容易眼花瞭亂，無所適從。此時就別猶豫了，拜託店員推薦吧，清酒也跟紅酒一樣，只要說明喜好的「Dry、Sweet、清酒產地」，店員便能替你挑到最適合的清酒。下酒菜也很多，只要從推薦的料理開始就行了。

🚶 京都市中京区御幸町通り四条上ル大日町426 1F 　📍 35.00418, 135.76641
☎ 075-256-0221 　🕐 17:30(週末 15:00)-23:30
🍶 小杯清酒（90ml）¥486-；大杯清酒（180ml）¥918-；下酒小菜 ¥270-
🏠 masuya-saketen.com 　Map → ③ - E - 3

7 すいば 四条河原町店
SUIBA よんじょうかわらまちてん

四条河原町

在日本的電視劇和漫畫中，最典型的立飲酒館。設計感時尚的すいば，多是單獨來小酌的酒客。不分年齡性別地和大家一同站著喝一杯的人，站立在放上一本雜誌，似乎就放不下別的東西的桌邊小酌，你會發現，室內雖然狹窄，但似乎沒有人介意。在這種氣氛下，讓人不知不覺點了不少啤酒與下酒菜。在京都市還有「六角通分店」以及「蛸薬師室町店」等四家分店。

🚶 京都市中京区中之町569-2 　📍 35.00415, 135.76817 　☎ 075-212- 7701
🕐 16:00(週末 15:00)-24:00(最後點餐時間 23:30) 星期一、每月第一週的星期二公休
🍶 生啤酒 ¥300；Chuhai酎ハイ ¥250；高球（High Ball，ハイボール）¥350-；下酒小菜 ¥100- 　🏠 suiba.jp 　Map → ③ - F - 3

8 居酒屋あんじ
いざかやあんじ　ふやちょう
あやのこうじてん

四条河原町

漁獲和食材均為清晨捕獲並由產地直送，雖然只有日本菜單，但因為附有小菜照片，所以不難挑選。招牌小菜「醬煮鯛魚（鯛のあら炊き）」，是用大塊的鯛魚頭，加入醬油及味醂燉煮的料理。平日午餐時段（11:30～13:30）也可以用餐。包含知名的炭烤鹿兒島薩摩知覽土雞專賣店べっぴんや在內，在京都境內一共有四家分店。

🚶 京都市下京区麩屋町通四条下ル八文字町334 　📍 35.00259, 135.76565
☎ 075-344-5665 　🕐 17:00-26:00(週末至24:00；休息前一小時是最後點餐時間)
🍶 高球（High Ball，ハイボール）486¥ ；醬煮鯛魚（鯛のあら炊き）¥650
🏠 anji-gr.com/anji_fy.html 　Map → ③ - E - 4

ALCOHOL

9 SOUR
サワー

四条河原町

近來在SNS上討論最火熱的京都酒館便是SOUR了。
SOUR是間主打蔬果味沙瓦（サワー）的立飲店，混
合了蒸餾酒、果汁、氣泡水及甜味糖漿等。櫃台裡
面的水果冰箱裡，存放了數量不下於果汁專賣店的
各式新鮮蔬果。點酒時只需說水果名稱即可，店員
便會當場榨成果汁，加入基底酒後，一杯沙瓦就完
成了！春天的草莓及夏天的西瓜等季節水果，都是最
受歡迎的沙瓦酒，還可以外帶。

京都市中京区 裏寺町通四条上る 裏寺町607-19 ヴァントワビル1F
35.00479, 135.76797　075-231-0778　15:00-24:00　sour.jp
Map → ③ - F - 3

10 NOKISHITA711
ノキシタセブンイレブン

四条河原町

位在Revolution Books一樓的雞尾酒吧，名稱是
「NOKISHITA711」。這裡的調酒主要都是以琴酒為基底，
室內擺放了褐色的乾燥花，空間也流淌著爵士嘻哈。「Miss
Gloria」、「Midsummer Night Tango」、「Summer Nude」等調
酒名稱，則讓人感到滿滿的詩意。「就算不相信街上偶遇的速
食愛情，但至少在NOKISHITA711是可以放縱一下的。」在網
頁上也可以找到調酒的英文名稱及詳細說明。

京都市下京区船頭町235　35.0024, 135.76998　075-741-6564
18:00-27:00(星期日、星期一 24:00)　雞尾酒 900¥～　nokishita.net
Map → ③ - F - 4

11 BAR ROCKING CHAIR
ロッキングチェア

河原町仏光寺

來到BAR ROCKING CHAIR，你不會需要MENU，因為
有專屬的特調雞尾酒等著你。由年代長遠的古老木
屋改造，經過了歲月的洗禮，讓這裡顯得
更加古樸有致。雖然坐在吧台前，可以近
距離欣賞酒保為你做調酒，但坐在屋內院
子前的搖椅上，也十分有情調。這裡可以
實現你與酒保輕鬆地聊天並喝著調酒的夢
想。因為有英語流暢的酒保，即使日文不
通，也不需茫然，來一杯專屬於自己的雞尾
酒吧，你絕對不會後悔。

京都市下京区御幸町通仏光寺下る橋町434-2　35.00095, 135.76642
075-496-8679　17:00-26:00 星期二公休　bar-rockingchair.jp　Map → ③ - E - 4

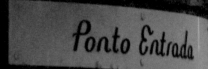

SPOTS TO GO

京都現今已不再是日本的首都了。
或許那些曾經有過的燦爛時光漸漸開始變色，即使如此，京都的時間依舊在優雅地流淌。
請將身心交付於時光洪流，緩慢地步行其中，並用心體會京都之美吧！

洛東
洛東，京都的東側

京都，古稱洛。洛東泛指京都東側區域，有鴨川南北流貫。
清水寺、銀閣寺等著名的觀光景點，皆在舉步之間。
這個區域經常被稱為「東山區」，
在京都，這裡是觀光景點群聚最多的地方，
也因為景點南北狹長地散落，本書便以散步路線為界，
分為清水寺、祇園、岡崎與銀閣寺等，三大主題分別說明。

銀閣寺
東山區，
文化的精髓。

祇園
靜謐城市的繁華之夜。

二年坂，三年坂
完整保留
古樸京都之美
的巷道。

清水寺
名符其實的
京都象徵。

Spot Infomation

① 清水寺
② 地主神社
③ 二年坂，三年坂（二寧坂，產寧坂）
④ 高台寺
⑤ 建仁寺
⑥ 三十三間堂
⑦ 京都國立博物館
⑧ 耳塚
⑨ 祇園
⑩ 八坂神社
⑪ 知恩院
⑫ 青蓮院
⑬ 將軍塚 青龍殿
⑭ 平安神宮
⑮ 南禪寺
⑯ 永觀堂
⑰ 哲學之道
⑱ 銀閣寺

① 清水寺
きよみずでら

將旅客心中描繪的京都風貌，原封不動保留下來的區域。
從京都駅搭乘直達清水寺的巴士，接下來的全部行程，都能以步行抵達。

愛情會實現喔

地主神社 じぬしじんじゃ

位於清水寺之中的小小神社。它的歷史十分悠久，甚至能一路追溯到日本建國之前。在本堂前面，一近一遠地擺放了兩個大石頭，稱之為「戀愛的占卜石」（恋占いの石），據說只要閉起眼睛，從這一個石頭走到另一個石頭，就能讓愛情實現。

🏠 jishujinja.or.jp

PLUS 為何寺廟裡會有神社呢？

自奈良時代起，「神佛習合」思想就在日本廣為流傳。所謂的神佛習合，指的是神道與佛教共存的。但在明治維新之後，頒布了「神佛分離令」，此後它們便被視為兩種完全相異的宗教。而地主神社也在明治維新之後，從清水寺獨立了出來。雖然對於外國人而言，寺廟與神社看起來差不多，但其實在入口處，若能看見鳥居，那才是神社。順帶一提，如果只是在神社的周圍走走逛逛，是不需收取門票的。

據說
高台寺的停車場，
是能看到京都
最美晚霞的場所。

Spot. ①

清水寺
きよみずでら

清水寺是京都最古老的寺院，在京都成為首都之前便已經存在，足見其歷史之悠久。寺院建築宏偉，結構巧妙，不用一根釘子建成的本堂，以及大殿前懸空的「清水舞台」為日本所罕有。現在雖然有很多人，背對著大殿眺望京都的街市全景，但其實木台原本是為大殿中供奉的千手觀音獻藝的空間。在大殿中最重要的「內陣」與「內內陣」（內之陣）平時並不開放。由大殿側邊轉進去，可以看見奧之院（奧の院），在這裡能觀賞到大殿與清水舞台的全貌。清水寺 正殿旁有一山泉，「音羽瀑布」（音羽の瀧）流水清澈、終年不斷，而清水寺也因此而得名。

🏠 京都市東山区清水1-294市區巴士100或206的「五条坂」站，或是市區巴士207的「清水道」站下車
📍 34.99485, 135.78504 ☎ 075-551-1234 🕐 06:00-18:00(4月10日至9月開放至 18:30, 夜間特別開放期間至 21:00)
🎫 高中生以上￥400；小學及中學生￥200(不含夜間特別開放費用) 🏠 kiyomizudera.or.jp **Map →** ① - E - 2

TIP

2017年冬季因適逢每50年一度的大殿屋頂輪替，大殿被鷹架及圍幕包圍，正處於施工階段。也就是說，我們之前在照片或影像中所見到的大殿屋頂，將會有好長一段時間見不到。如無意外，工程預計將在2020年完工。

NEARBY

高台寺 こうだいじ

豐臣秀吉的正室夫人寧寧，為祈求丈夫的冥福，於1606年建造而成的寺廟。

🏠 京都市東山区高台寺下河原町526 市區巴士80、86、200、206、207的「東山安井」站下車
📍 35.00076, 135.78111 ☎ 075-561-9966
🕐 09:00-17:30(夜間特別開放期間至22:00)
🎫 成人￥600；初高中生￥250(不含夜間特別開放費用)
🏠 www.kodaiji.com **Map →** ① - E - 3

建仁寺 けんにんでら

京都最早的禪宗寺院。於建仁二年，也就是1202年落成。可以在此目睹國寶町繪師俵屋宗達的「風神雷神圖」（真跡收藏於京都國立博物館中）。

🏠 京都市東山区大和大路通四条下る小松町 市區巴士80、86、200、206、207的「東山安井」站下車
📍 35.00072, 135.77382 ☎ 075-561-6363
🕐 10:00-17:00(11月～2月 16:30)
🎫 成人￥500；高中生￥300；小學生￥200
🏠 kenninji.jp **Map →** ① - E - 3

Spot. ②

二年坂、三年坂(二寧坂,産寧坂)

にねんざか, さんねいざか

從清水寺出發,往高台寺、祇園走去,小小街道上珍藏著古樸的風情,街道兩側是大大小小的紀念品店、咖啡廳及餐廳。二年坂及三年坂的名字由來,有許多種傳說及說法。日語的「二年」及「三年」的發音,聽起來像大同二年(日本的年號,807年)及三年落成之意,這是第一種說法。另一種說法則是個可怕的傳說,據說如果在二年坂或三年坂跌倒的話,就會在二年及三年內死亡,警告人們在上下坡的時候,絕對要小心謹慎。至於第三種說法,則表示這裡是前往清水寺祈願安(寧)順(產)的道路,因此三年坂又有產寧坂的別稱。

Map → ① - E - 3

有時間的話,順道來逛逛吧!

三十三間堂 さんじゅうさんげんどう
正式名稱是「蓮華王院」。在它的大殿內部中央,供奉著鎌倉時代打造的千手觀音座像。此尊觀音像的兩側,各放了500尊觀音像,因此大殿中一共安置了1,001尊觀音像。每尊觀音像的表情,都有著細微的差異,甚至有一傳說,就是你一定能在1,001尊觀音像中,找到一尊是你思念的人的臉孔。必須值得注意的是,在大殿的內部是絕對禁止照相及拍攝的。

由檜木建造的蓮華王院本殿的正殿長度有33間,總長約120公尺,俗稱「三十三間堂」。

京都市東山区三十三間堂廻町657 市區巴士100、206、208的「博物館三十三間堂前」站下車　34.98788, 135.77171　075-561-0467　08:00-17:00 11月16日至3月為 09:00-16:00　成人￥600;初高中生￥400;小學生以下￥300　sanjusangendo.jp Map → ① - F - 4

京都国立博物館 きょうとこくりつはくぶつかん
1897年開館,與東京及奈良國立博物館齊名,為日本三大國立博物館之一。館中收藏且展示著一萬兩千多件古文物,其中也包含了二十七件國寶。

京都市東山区茶屋町527 市區巴士100、206、208的「博物館三十三間堂前」下車　34.98998, 135.77311　075-525-2473　09:30-17:00 星期一休館(若適逢國定假日,則順延一天)　依展品不同而異　www.kyohaku.go.jp
Map → ① - F - 4

耳塚 みみづか
「壬辰倭亂」及「丁酉再亂」時期,在日本軍手中犧牲的朝鮮將士的耳鼻埋葬之處。目前僅作放置未妥善管理,實在令人唏噓。

京都市東山区茶屋町533-1 從三十三間堂徒步五分鐘　34.99142, 135.77032 Map → ① - F - 4

清水寺周邊的美食及商店

CAFE

1 Starbucks Coffee 京都二寧坂ヤサカ茶屋店
スターバックスコーヒー *(p.029)*

由二寧坂的百年町屋改建，甫於2017年6月開業的星巴克。

CAFE

2 % ARABICA Kyoto 東山
アラビカ きょうと ひがしやまてん *(p.025)*

在京都以「See the world through coffee」的標語起步，朝世界擴展店面的咖啡小站。

CAFE

3 市川屋珈琲
いちかわやかつば *(p.029)*

有兩百年歷史的木造家屋，原本是一間陶藝工坊。著名的咖啡豆「市川屋特調」（Blend），口感並不厚重，每天享用也不會膩口。

CAFE

4 Dongree コーヒースタンドと暮しの道具店
ドングリー *(p.025)*

可以一次品嘗並比較京都五大烘豆坊的原豆，「京都五店嘗鮮組合」相當受顧客歡迎。

SOUVENIR

5 京東都 本店
きょうとうとほんてん *(p.102)*

販賣日本傳統刺繡產品。一天到晚旅客絡繹不絕。

SOUVENIR

全數製品皆為裏具原創設計。

6 裏具
うらぐ *(p.103)*

裏具的日文是「心情變好」的諧音。此處販賣各式筆記本等紙製品及陶藝品。

PLUS 尋訪陶藝家對日常生活美學的追求

河井寬次郎記念館
かわいかんじろうきねんかん

在通往清水寺的上坡路，人聲開始喧鬧之前，有一個鬧中取靜，如同颱風眼一般的幽靜住所──「河井寬次郎記念館」。這裡是陶藝家河井寬次郎在1937年親自設計的家宅兼工作坊，不只是陶藝品，甚至傢俱、庭園及燒製陶器的窯爐，如今都原原本本地公開。屋中四處皆能感受到河井寬次郎對美感的要求。他不只對陶藝、雕刻、設計方面，有很突出的才能，對平凡普通的日常用品，也有其特殊的美感，是民間工藝運動的佼佼者。

京都市東山区五条坂鐘鋳町569
34.99356, 135.77437 ☎ 075-561-3585
10:00-17:00（最後入場時間 16:30）星期一休館（若適逢國定假日，則順延一天）夏季、冬季休館
成人￥900；高中生與大學生￥500；小學生與中學生￥300 kanjiro.jp Map → ① - F - 3

❷ 祇園
ぎおん

東臨八坂神社、西接鴨川、南面建仁寺、北臨新橋通的區域。因為八坂神社古名為「祇園社」，故此處便稱為「祇園」。為了服務來八坂神社參拜的民眾，因此茶房產業十分興盛。在日落時分，如果幸運的話，還可以看見上班途中的真實藝妓和舞妓。從古到今，祇園都是京都最繁華的鬧區。

祇園周邊的美食

MEAL

1 天周 てんしゅう (p.048)

軟硬適中的白飯與酥脆的炸星鰻。一口咬下，就被它的香酥所折服。

SUSHI

2 いづ重 いづじゅう (p.053)

百年來深受京都人民喜愛的壽司店。招牌料理是鯖魚壽司（鯖すし）。

DESSERT

3 祇園きなな本店 ぎおんきななほんてん (p.039)

冰淇淋專賣店。可以品嘗到以黃豆粉製作的京都風冰淇淋。

TAMAGO SANDO

4 やまもと喫茶 やまもときっさ (p.037)

在這裡吃完玉子三明治早餐套餐後，如果還沒完全睡醒的話，就在祇園的道路上散步，這便是在京都最令人留戀的時光。

DESSERT

5 ZEN CAFE ゼン カフェ (p.039)

由280年悠久歷史的京都和菓子老舖「鍵善良房」所創設的咖啡廳。

CHOCOLATE

6 加加阿365 祇園店 カカオ365ギオンテン (p.041)

為了實現「加加阿生活」的概念，京都代表性的洋菓子店「MALEBRANCHE マールブランシュ」於2014年開業的巧克力專賣店。

NEARBY

二軒茶屋 にけんちゃや *(p.043)*

位於八坂神社「石鳥居」內的茶屋。足足營業了480個年頭，販賣按照古法手工製作的「田樂豆腐」。

Spot. ① 八坂神社
やさかじんじゃ

八坂神社又被京都人暱稱為「祇園さん（祇園先生）」，可見對京都人而言，八坂神社是何等熟悉又親近的地方。656年，高麗的使者伊利之的後裔八坂氏氏，將新羅牛頭山上的神明迎來，並開始在此處供奉。每到1月，這裡便擠滿了百萬名來此新年參拜的人群。到了7月，它又成了「祇園祭」的主要舞台。有長達千年以上的歲月，它的名字都是「祇園社」，一直到1868年才改成現在的名稱。

 京都市東山区祇園町北側625 市巴士31、46、86、100、110、201、202、203、206「祇園」站下車。
35.00365, 135.77855 ☎ 075-561-6155 ⏱ 24小時
免費參觀 🏠 yasaka-jinja.or.jp Map → ① - D - 3

Spot. ② 知恩院
ちおんいん

淨土宗的大本營。建立於日本改信淨土宗的僧侶「法然」所居住的古庵舊址上。入口處的「山門」也是日本現存的山門中規模最大的。境內佔地廣闊，若仔細參觀的話，至少需耗時1小時以上。2017年冬天，包含最著名的「御影堂」在內，有許多景點陸續進行工程維護，已於2019年3月完成維修工程，預計2020年4月13日開放參觀。

🔗 京都市東山区林下町400 市巴士12、31、46、201、202、203、206「知恩院前」站下車
35.00541, 135.78237 ☎ 075-531-2111
⏱ 09:00-16:30 🏠 chion-in.or.jp Map → ① - D - 2

	友禪園	方丈庭園	通票
高中生以上	￥300	￥400	￥500
中學生、小學生	￥150	￥200	￥250

Spot. ③ 青蓮院
しょうれんいん

王室、貴族直接經營的寺廟稱為「門跡」，而青蓮院便是其中之一。青蓮院的地理位置，正好介於東山和清水寺之間。入口處的樟木，樹齡長達800年之久。院內收藏了繪有「不動明王中的不動明王」美譽的「青不動明王」國寶畫——「青不動明王二童子像」。在青蓮院夜間特別開放期間，獨特藍青色照明下的夜景尤其知名。

🔗 京都市東山区粟田口三条坊町 市巴士5、46、100在「神宮道」站下車 35.00731, 135.78316 ☎ 075-561-2345
⏱ 09:00-17:00(夜間特別開放期間至 22:00)
💰 成人￥500；中學生、高中生￥400；小學生￥200(間特別開放時段需另外加費) 🏠 shorenin.com Map → ① - D - 2

▶ 京都最棒的觀景台，之一

将軍塚 青龍殿 しょうぐんづか せいりゅうでん

在相當於京都中央的四条通向上走，這裡便是傳說中桓武天皇俯視京都盆地時，下定決心遷都的地方。在決定遷都之後，為了取其守護新首都的義涵，便在此埋下了一尊全副武裝的將軍像，並以將軍塚為其命名。青龍殿是青蓮院的附屬建物，原本保管於國立博物館中的「青不動明王二童子像」，於2014年10月青龍殿完工時，將這幅國寶移置此處收藏。在青龍殿後方寬廣的大舞台上，可以一眼看盡京都的風景，如遇到天氣晴朗時，甚至還能遠眺大阪的高樓大廈。

🔗 京都市山科区厨子奧花鳥町28 從京阪電鐵三条京阪駅前的C1巴士站，乘坐70號京阪巴士，在「將軍塚 青龍殿」站下車。70號公交車僅在週末、假日和11月每日、4月五月連休運行。費用單程是￥230 35.00268, 135.78744 ⏱ 09:00-17:00
💰 成人￥500；高中生￥400；國中生￥400；國小生￥200
🏠 shogunzuka.com Map → ① - D - 2

③ 岡崎 銀閣寺
ぎんかくじ

平安神宮所處的岡崎，也是京都國立現代美術館、公立圖書館及動物園等機關齊聚之處，
因此京都人只要到了週末，都會攜家帶眷來此散心遊玩。
從岡崎往東北方前行的話，就能看見銀閣寺，以及錯落有致的步道和寺廟，景點不少。

Spot. ① 銀閣寺
ぎんかくじ

正式名稱為慈照寺。起源於室町幕府時代，是第八代將軍足利義政所
建造的山莊。銀閣寺可謂是貫穿足利義政生涯中審美觀的結晶。從開
始建造到完工，耗時八年歲月，最後足利義政甚至沒親眼見證到「觀
音殿」的完工，便離開了人世。在他死後，根據他的遺言將其改建為
禪宗寺廟。原本觀音殿的設計受到了金閣寺的影響，打算將它貼上銀
箔，最後卻因幕府的財政困難，改以黑色的油漆塗色完結。從入口處
進來，便能看到以大量白沙設計的「銀沙灘」和「向月台」，越過它
們的這棟樓閣，便是觀音殿了。銀沙灘的西北方，就是足利義政的書
房——「東求堂」。繞著東求堂前的蓮塘走，就能到達俯看銀閣寺境
內及京都市區的觀景台。從銀閣寺向北走，也有前往大文字山的健行
步道。

 京都市左京区銀閣寺町2 市巴士5、17、102、203、204「銀閣寺道」站下車
📞 35.02715, 135.79786　☎ 075-771-5725　🕐 08:30-17:00(2月-2月 09:00-16:30)
💴 高中生以上￥500；中學生及國小生￥300　🏠 shokoku-ji.jp
Map → ① - A - 1

Spot.

平安神宮
へいあんじんぐう

作為京都遷都1100週年紀念，於1895年建造。在幕府末期，因戰亂而受到物質上的損害，以及因遷都而造成的精神上衝擊，讓京都走上了衰退之路。所以不僅是居住在京都的民眾，還有珍惜京都的日本人，皆致力於復興京都往日的榮景。而平安神宮便是他們努力下的成果。往平安神宮路上的一座24公尺高的巨大紅色鳥居，便是神宮所處的岡崎區域的象徵。包圍神宮的3萬3000平方公尺「神苑」，在櫻花盛開的夏季尤其美麗。

⛩ 京都市左京区岡崎西天王町97 市巴士5號″岡崎公園美術館平安神宮前″站下車；或是市巴士32、46號「岡崎公園ロームシアターみやこめっせ前」站下車
📍 35.01598, 135.78242　☎ 075-761-0221
🕐 境內 06:00-18:00 / 神苑 08:30-17:00(3月15日～9月至17:30 11月～2月至 16:30)
💰 境內免費；神苑一成人￥600
🏠 heianjingu.or.jp
Map → ① - C - 3

有時間的話，也來這裡逛一逛！

南禅寺 なんぜんじ

南禪寺是日本王室最早建造的禪宗寺廟，也是臨濟宗南禪寺派的總本山。境內以紅磚搭建的水路閣（水道橋），與歷史久遠的寺廟相互輝映，創造了獨特的寺廟風情。

⛩ 京都市左京区南禅寺福地町 市巴士5號「南禅寺永観堂道」站下車
📍 35.01137, 135.79376　☎ 075-771-0365
🕐 08:40-17:00(12月-2月至 16:30)
🏠 nanzen.net　Map → ① - C - 1

	成人	高中生	中、小學生
方丈庭園	￥500	￥400	￥300
三門	￥500	￥400	￥300
南禪院	￥300	￥250	￥150

永観堂 えいかんどう

正式名稱為禪林寺，京都代表性的賞楓景點，境內擁有超過3000株以上的楓樹。

⛩ 京都市左京区永観堂町48 市巴士5號「南禅寺永観堂道」站下車
📍 35.01437, 135.79541　☎ 075-761-0077
🕐 09:00-17:00(夜間特別開放時段延至 21:00)
💰 成人 600；小學生以上￥400
(夜間特別開放時段需另外加費) 🏠 eikando.or.jp
Map → ① - C - 1

NEARBY

哲学の道 てつがくのみち

這是一條從銀閣寺一直到永観堂附近，大約1.5公里長的步道。因日本近代哲學家「西田幾多郎」等曾在此處散步而得名，譽為哲學之道。在櫻花盛開的春天，風景令人驚豔。Map → ① - B - 1

岡崎&銀閣寺的美食

近來相當流行的素食專門店。

1 光兎舍 こうさぎしゃ (p.049)

近來相當熱門的素食餐廳之一。一樓是展覽空間，二樓才是餐廳。

MEAL

2 青おにぎり あおおにぎり (p.048)

日式的三角飯糰「御飯糰」。推薦由糙米飯加簡單調味的鹽味御飯糰（￥190）。

NOODLE

在京都吃過的烏龍麵中，口感最Q彈的一家。

3 仁王門うね乃 におうもんウネノ (p.051)

熱銷的單品是放上豆皮的豆皮烏龍麵，以及加入滿滿牛肉及青蔥的肉蔥烏龍麵。

《藝妓回憶錄》這部電影，雖然由白人的視角來詮釋亞洲的樣貌，讓人有點不太適應，但電影中京都與女主角小百合的風華，卻是美得不可方物。在京都、大阪等關西地區，那些穿著美麗的和服，在古風古意的街道上匆匆而過的「芸子」們，是日本特有的一種女性表演藝術工作者，其工作內容除為客人服侍餐飲外，主要為在宴席上以舞蹈、演唱、演奏等方式助興。

「藝者」和「舞妓」的差別是什麼？先說說，日本各地對藝妓的稱呼略有不同，在東京等關東地區稱為「芸者」（げいしゃ）；在京都等關西地區則稱為「芸子」（げいこ），自明治時代開始有「芸妓」（げいぎ）這個讀法。「藝妓」和「藝者」實為同義詞，只不過在京都，多不使用「藝妓」這種稱呼而已。至於「舞妓」，則是京都才有的獨特職業，是成為藝妓前的見習生。在中學畢業之後，修練舞藝、歌藝、樂器等，讓身體熟悉「藝」術。歷經數年刻苦的修練，單憑一己之力，得到實力認可，才能登上專業「藝者」的境界。也正因為這樣的艱辛，故有許多人無法完成，只能飲恨放棄。

其實平凡的旅者，看著路上擦身而過的她們，不太可能一眼分清是「藝者」或是「舞妓」。但若是能仔細觀察外表的話，還是可以看出一些端倪的。無論是衣領或是髮型，都有些微的差異，但最明顯的不同，便是她們繫在和服上腰帶的樣式。舞妓會將腰帶束至後方垂下，而藝者則是會仔細繫好，讓腰帶緊緊貼在腰身上。舞妓垂在腰後的「垂帶」，會印著所屬公司的文章。在過去，女孩成為舞妓的年紀比現今要年輕許多，往往只有12歲上下而已，因此經常有女孩接受完一整天的訓練後，卻在黑暗的京都街道上迷失了方向，此時腰帶上的文章，便成了一種身份證明，能讓她們在成人們的幫助下，順利「下班」。如前所述，經年累月受訓的藝者和舞妓，她們絕不單純只是在酒席上助興的人而已，更是用身上的舞藝、歌藝和服飾，繼承了日本傳統文化的藝者。

作者的視身體驗

説得誇張一點，在清水寺或是伏見稻荷大社附近，穿著和服的人要比穿便服的人還多。在那之中的大部分人，都是來此體驗和服的旅客，為了滿足他們的需求，京都有數十家租借和服的店家，等著為旅客們提供服務。而其中最值得推薦的，便是地鐵御所站附近的「夢館」了。它們最大的優點，便是從和服的預約、穿著，一直到返還，皆可使用中文溝通。租借和服和「浴衣」（5月-9月）的方案中，除了基本方案之外，還有婚紗拍攝方案，以及在祇園街道上散步跟拍的方案等等。即使你選擇基本方案，也不會感到服務不周到，光是在租借和服上，包含各式和服及首飾，就有500多種以上的選擇，並備有專業人士幫你穿著及裝扮。在官網上有詳細的租借程序，如果要追加髮型及化妝設計，也有範例圖片可供參考。2017年7月開業的「夢館 御池別邸」，是由古老的木造町屋改建而成，甚至比一般攝影棚，更適合留下個人美照。

在和服租借店中，最推薦的便是地鐵御所站附近的夢館。它最大的優點便在於從和服的預約、穿著及返還，皆可使用中文溝通。

京都着物レンタル夢館 ゆめやかたごじょうてん
⌖ 京都市下京区万寿寺町128
☎ 34.99649, 135.7615　☎ 075-354-8515
🕐 10:00-18:00 12月31日-1月3日公休
🏠 tw-kyoto.yumeyakata.com

京都着物レンタル夢館 御池別邸
ゆめやかた おいけべってい
⌖ 京都市中京区金吹町472-1
☎ 35.01301, 135.75864　☎ 075-254-8920
🕐 10:00-18:00 12月31日-1月3日公休
🏠 tw-kyotooike.yumeyakata.com

好想遇到藝妓和舞妓！

通常不參加一般場合的藝妓和舞妓，是很少有機會能近距離看到的。她們不會在白天穿著全套和服，在外面逛來逛去。如果不是傍晚時分，想在白天看到藝妓和舞妓的話，參加觀光客體驗行程也是一種選擇。但要注意，像這種藝妓和舞妓一同出現在白天的日子，一年中僅僅只有一天！那便是8月1日的「八朔」，在現今京都的五条花街（祇園甲部、祇園東、宮川町、先斗町、上七軒）上，從早晨十點一直到正午，藝妓和舞妓會穿戴仔細，沿街向各個店家感謝他們平日的照顧，只要不擋到她們的路，可以不看眼色地拍照，但因為當天實在太多人在盯著她們，所以還是別做出太過分的拍照行為比較好。

藝妓 舞妓
げいこ まいこ

照片－由「關西觀光本部」攝影師金敬午（김경우）提供。

洛西
洛西，京都的西側

位於南北走向的西大路西側，雖然距離市中心有點遠，交通相對不便。
但這裡聚集了金閣寺、龍安寺、仁和寺等不同魅力的寺院，絕對值得您遠道而來。
嵐山自古就是貴族的度假勝地，相當受到民眾喜愛。
在觀賞清涼流淌的桂川及隨季節變幻的低矮山丘時，古人對美學的眼光，絕對會讓你點頭稱是。

金閣寺
耀眼華麗的
黃金樓閣。

竹林
嵐山的象徵，竹子林。

天龍寺
寧靜的湖水將環繞庭園的群山映照於池中。

嵐山
京都市民的假日踏青處。

Spot Infomation

① 金閣寺
② 龍安寺
③ 仁和寺
④ 大覺寺
⑤ 祇王寺
⑥ 野宮神社
⑦ 竹林
⑧ 天龍寺
⑨ 渡月橋
⑩ 桂離宮

1 洛西
らくにし

在京都的西北方，昂然聳立著金閣寺、龍安寺和仁和寺。它們分別是京都最華麗的樓閣、最聞名的庭園，以及最晚的櫻花開放觀賞處。每年吸引了全世界的旅人紛沓而至。

另外，朝著仁和寺正南方向走，眼中會出現桂離宮，這裡便是日本在建築與庭園上，百中選一的傑作。

NEARBY

仁和寺 にんなじ

宇多天皇於897年退位並出家，成為第一位搖身成為住持的王族。在明治時代以前，幾乎每一代王族都有人成為住持，影響了無數的王族、貴族相繼接受出家，風氣興盛。此地是櫻花最晚的綻放之處，並因此聞名。

- 京都市右京区御室大内33 市巴士10、26、59號「御室仁和寺」站下車；或搭乘嵐電北野線，於「御室仁和寺」站下車 ⊙ 35.03109, 135.71381
- ☎ 075-461-1155
- ⊙ 09:00-16:30(12月-2月 16:00)
- 圖 高中生以上￥500；中、小學生￥300
- ⌂ ninnaji.or.jp Map → ④ - C - 2

Spot. 1
金閣寺
ろくおんじ（きんかくじ）

正式名稱是「鹿苑寺」。室町幕府的第三代將軍，在此修建了山莊，並且度過餘生。由其法名而得名。買了票進場後，一座金燦燦的樓閣便出現在眼前。三層用金箔貼成的舍利殿，每層都有不同建築風格。在京都境內的大部分寺廟，都曾因應仁之亂而受到損害，雖然這座舍利殿幸運避開了禍事，卻在1950年因火災事故而燒毀，並於1955年重建。三島由紀夫的小說《金閣寺》中，它就是因為放火事件而消失。若是在無風的日子裡，舍利殿裡面的蓮池「鏡湖池」，水面會如同鏡子般，忠實映照出山光水色來。

- 京都市北区金閣寺町1 市巴士12、59、101、102、204、205「金閣寺道」站下車
- ⊙ 35.03937, 135.72924 ☎ 075-461-0013
- ⊙ 09:00-17:00
- 圖 高中生以上￥400；中、小學生￥300
- ⌂ shokoku-ji.jp Map → ④ - C - 1

Spot. 2
龍安寺
りょうあんじ

沒有採用一滴水，只運用石頭與沙子來表達自然的「枯山水」庭園，龍安寺便因此而成名。雖然因為應仁之亂及1797年的火災而使大部分的建築燒毀，但光憑這個庭園，就能讓全世界的旅客在此流連忘返。庭園大約247平方公尺，白沙子之上，放置著大大小小、東西向羅列的石頭，無論從任何角度都無法一次看見全部15個石頭，將「雖然看不到完整樣貌，卻已經美不勝收」的神之精神具象化，據此打造的庭園，雖然有很多種說法，不過何人建造及何時建造，目前依然成謎。

- 京都市右京区龍安寺御陵下町13 市巴士59號「龍安寺前」站下車
- ⊙ 35.03449, 135.71826 ☎ 075-463-2216
- ⊙ 08:00-17:00 12月-2月 08:30-16:30
- 圖 高中生以上￥500；中、小學生￥300
- ⌂ www.ryoanji.jp Map → ④ - C - 2

PLUS 日本建築與庭園的精髓

桂離宮
かつらりきゅう

為了王族八条宮的初代親王智仁及二代智忠父子所建的別墅，從1915年落成直至現在，一次也未受到火災及戰亂的波及而受損，幾乎完美地將舊時模樣保留下來。

- 京都市西京区桂御園 市巴士33「桂離宮前」站下車步行8分鐘；阪急京都線「桂駅」下車步行20分鐘
- ⊙ 34.98399, 135.70957
- ☎ 075-211-1215 圖 免費
- ⊙ 星期一休；12月28日-1月4日公休
  09:00- 10:00- 11:00- 13:30- 14:30- 15:30-
- ⌂ sankankunaicho.go.jp/guide/katsura.html
  預約方法請參考(p.083) 修學院離宮
- Map → ④ - B - 4

野宮神社ののみやじんじゃ

當天皇換代時，將由神女代替日皇，前往伊勢神宮，擔任祭祀的工作。而在前往伊勢神宮的路上，必須讓身心靈都達成純淨，於是暫時在野宮神社停留居住。平安時代的小說《源氏物語》也是以此處為舞台，粉墨登場。於是這裡成為祈禱美好姻緣與神賜子嗣的神社。

⌂ 京都市右京区嵯峨野宮町
⊙ 35.01775, 135.67421
🕐 24小時免費　💰 免費
🏠 nonomiya.com

Map → ④ - A - 2

TIP

可利用巴士或是電車來到嵐山，在那之後，除了前往大覺寺之外，全部都可以徒步抵達。

市區巴士11、28、93號「嵐山」站、
嵐電嵐山本線嵐山駅、
阪急京都線嵐山駅、
JR嵯峨嵐山駅。

阪急嵐山駅

嵐電嵐山駅

Spot. ①

竹林の道
ちくりんのみち

與渡月橋一樣，竹林小徑也是嵐山的代表性景點。從野宮神社開始，途經天龍寺的北門，一直到大河內山莊散步的步道即是。天氣晴朗時、陰暗時、下雨時，還有一大清早及日落時，都有不同的面貌，各有各的魅力。但也因為它是很有名的景點，只要過了九點，便會聚集來自全世界各地的觀光客，人聲鼎沸至無落腳之處，如果想悠閒安靜的在竹林漫步，推薦您於八點半以前就到訪。

⌂ 京都市右京区嵯峨小倉山田渕山町
⊙ 35.0176, 135.67435
Map → ④ - A - 2

②

嵐山
らんざん

貴族們的別墅區，自平安時代以來，就受到大眾的喜愛。現在更成了京都民眾假日散心的好去處。櫻花盛開的春天、楓葉紅火的秋天，景色都特別美。尤屬渡月橋及嵐電嵐山駅之間最為熱鬧。一般來說，含嵯峨野地區在內，統稱為嵐山。

Spot. ④
大覚寺
だいかくじ

原為嵯峨日皇的別莊，並於876年改建成寺院。因為有鎌倉時代的三位日皇在此視政，故也稱之為「嵯峨御所」。位於大覺寺東方的「大沢池」，是日本最古老的人造蓮池，在四季更迭中，櫻花、蓮花、楓葉等輪番上陣，景色各有千秋，也是眾所周知的賞月名所。

🏯 京都市右京区嵯峨大沢町4 搭市公車28、91號，在「大覺寺前」站下車 🅟 35.02823, 135.67774
☎ 075-871-0071 🕘 09:00-17:00
💴 成人￥500；國小生以上￥300；與祇王寺的聯票￥600 🏠 daikakuji.or.jp Map → ④ - A - 2

Spot. ②
天龍寺
てんりゅうじ

這裡是1339年室町幕府將軍「足利尊氏」，為祈求「後醍醐天皇」冥福所建造。因數度遭遇祝融之災，現存殿宇是日本明治時代以後重建。但由「大方丈」及「小方丈」包圍的「曹源池庭園」，則完整保留了700年前，由「夢窗國師」所設計建造的原樣。

🏯 京都市右京区嵯峨天龍寺芒ノ馬場町68
🅟 35.01582, 135.67377 ☎ 075-881-1235
🕘 08:30-17:30(10月21日至3月20日至 17:00)
💴 高中生以上￥500；中、小學生￥300；諸堂參拜（大方丈室、書院、多寶殿）另各加￥300 🏠 tenryuji.com Map → ④ - A - 2

Spot. ③
祇王寺
ぎおうじ

名字取自13世紀大作《平家物語》中的主角名。雅致的境內土地上，長滿了綠油油的青苔，就如同鋪了一張綠地毯般美侖美奐，因此有「青苔之寺」的美名。

🏯 京都市右京区嵯峨鳥居本小坂町32
🅟 35.0234, 135.66727 ☎ 075-861-3574
💴 成人￥300；國小生以上￥100；與大覺寺的聯票￥600
🏠 giouji.or.jp Map → ④ - A - 2

祇王寺

大覺寺

NEARBY

渡月橋 とげつきょう

等同於嵐山象徵的橋樑。過去嵯峨天皇為了到半山腰的「法輪寺」參拜，下令在此建了橋樑，而現今在這座橋樑，則是1934年重建的。之所以稱之「渡月橋」，是因為「龜山天皇」所吟咏的詩句，在某個沒有雲朵的夜晚，看到月亮在橋的正上方緩緩的由一邊移動到另外一邊，猶如渡橋因而得名。
Map → ④ - A - 3

嵐山美食

CAFE

1 % ARABICA Kyoto 嵐山
アラビカ きょうと あらしやまてん

%ARABICA的一號店在東山，二號店則位於嵐山。咖啡店位於觀景絕佳位置。

🏯 京都府右京区嵯峨天龍寺芒ノ馬場町3-47 🅟 35.01354, 135.67639
☎ 075-748-0057 🕘 08:00-18:00
💴 冰拿鐵￥500 🏠 arabica.coffee
Map → ④ - A - 3

CAFE

2 eX CAFE 京都嵐山本店
イクスカフェ
きょうとあらしやまほんてん

在暫時擺脫嵐山喧鬧的小巷子中的咖啡廳。招牌料理是七輪炭烤糰子。

🏯 京都市右京区嵯峨天龍寺造路町35-3
🅟 35.01467, 135.67811
☎ 075-882-6366 🕘 10:00-18:00
💴 七輪炭烤糰子￥1,318
Map → ④ - A - 3

MEAL

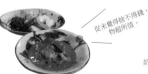
從未覺得捨不得錢，物超所值。

3 鯛匠 HANANA タイショウ ハナナ

一旦招牌料理「鯛魚茶泡飯」的材料用盡完畢，便立刻結束營業。將白飯泡入綠茶的「茶漬」，以及新鮮鯛魚生魚片，和店家自製的香濃芝麻醬，組合成絕妙的口感及獨特的味道。

🏯 京都市右京区嵯峨天龍寺瀬戸川町26-1
🅟 35.01805, 135.67655 ☎ 075-862-8771
🕘 11:00-材料用盡為止 💴 鯛魚茶泡飯套餐￥2,750 Map → ④ - A - 2

MEAL

豆腐豆漿
奶油義大利麵

4 嵯峨野湯 サガノユ

由1923年落成的大眾浴場改建而成，2006年開幕的咖啡廳。招牌料理是「附上自製豆腐的奶油義大利麵」。

🏯 京都市右京区嵯峨天龍寺今堀町4-3
🅟 35.01702, 135.68133
☎ 075-882-8985 🕘 11:00-20:00(最後點餐時間 19:00)
💴 豆腐義大利麵￥1,180
🏠 sagano-yu.com Map → ④ - A - 2

洛中
洛中，京都的中心

千年古都京都的中心，京都御所及二条城的所在處。
京都最繁華熱鬧的四条河原町也在此處。
沿著鴨川向上，會與另兩條南下的河流交匯。

京都御所
長久以來日本天皇居住的政治中心。

四条河原町
體驗大都市京都最繁華的面貌。

伏見稻荷大社
由千座火紅色鳥居構成的通道，最是令人印象深刻。

Spot Infomation

① 四条河原町
② 錦市場
③ 京都駅、京都塔
④ 元離宮二条城
⑤ 北野天滿宮
⑥ 京都御所
⑦ 下鴨神社
⑧ 同志社大學
⑨ 東寺
⑩ 東福寺
⑪ 伏見稻荷大社

① 四条河原町 京都駅
しじょうかわらまち

Spot. ①

四条河原町
しじょうかわらまち

在四条通與河原町通交會之處，便是京都市區最人聲鼎沸的鬧區。京都並不是只有悠閒和寧靜而已，它也是規模僅次於東京、大阪及名古屋的大城市，這裡展示了它繁華的面貌。在四条通與三条通之間，從烏丸通越過祇園，直到八坂神社，都設有天篷，不管是下雨天，或是烈日當空，都能舒適地行走著。在四条河原町交界點的東側，是京都丸井百貨，西側則是高島屋百貨。除此之外，還有其他大大小小的無數商家。阪急電鐵與京阪電鐵都有經過，更有數十條不同路線的巴士行駛，是京都地區的交通運輸要塞。

🚌 市巴士3、4、5、10、11、12、15、17、31、32、37、46、51、59、80、104、106、201、203、205、207「四条河原町」站下車；阪急京都線「河原町駅」　Map → ② - C - 3

NEARBY

鴨川 かもがわ
京都市正中央恣意流淌的鴨川，沿岸是居民及旅客最喜愛的休憩區域。

Spot. ②

錦市場
にしきいちば

從東西橫亙的四条通向北一個路口，就是錦小路通。錦市場就位於此處。西側連接高倉通，東側走到底便是侍奉學問之神的「錦天滿宮」。此處之所以會發展成市場，是因為有豐富的地下水資源。在冰箱尚未被發明的時代，將食物放在地下，用湧出的天然冰涼地下水，來長時間地為食物保鮮，延長保存期限。1927年因京都中央批發市場的開幕，使其漸漸轉型為零售市場，在短短400公尺的街道裡，匯集了130多個商家，從一般小菜到小吃零食、紀念品等，一應俱全。一大早去會有點冷清，直到中午過後到下午六點之前，這裡就會成為熙熙攘攘的市集。

🏠 京都市中京区錦小路通 高倉通-錦天滿宮
📍 35.005, 135.76327　☎ 075-211-3882
🕐 開店及打烊時間，依各家而不同
🏠 kyoto-nishiki.or.jp　Map → ③ - D,E - 3

PLUS 錦市場推薦美食

こんなもんじゃ

🕐 10:00-18:00
🍴 豆乳甜甜圈10個¥300；豆乳冰淇淋¥350

單獨吃甜甜圈或冰淇淋，或許會覺得有點單調，但若是將剛炸好，熱騰騰的甜甜圈沾著冰淇淋一起享用的話，它的美味是會超乎你的想像。

沾著冰淇淋吃吧！

中央米穀
ちゅうおうべいこく

🕐 09:30-18:00
🍴 三角飯糰¥90~

附近居民經常光顧的米行，嚴選上等的白米，再用錦市場內販賣的各種食材，精心做成三角飯糰販售。

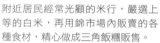

丸常蒲鉾店
まるつねかまぼこてん

🕐 09:00-18:00
🍴 各種魚板¥120~

可以當成配菜，也可以當作小吃的日式魚板（蒲鉾）專賣店。調味剛剛好的海鮮，依據不同的食材，做成千變萬化的食物。

京都駅 きょうとえき
通往京都的門戶，整日都擠滿了人。京都車站最初建於1877年。
Map → ⑥ - E - 3

⬥ 京都最棒的觀景台，之二 ⬦

京都タワー
きょうとたわー

從京都駅走出來，最先看到的景點便是高大的京都塔。因為不符合悠閒靜雅的京都風情，自從1964年建成以來，便引起好惡兩派聲浪，觀點十分兩極。但它卻是在幾乎沒有高樓大廈的京都市區當中，少見可以俯瞰市區全景的絕佳景點。觀景台也經營飯店及大浴場、紀念品店等。

🏠 京都市下京区烏丸通七条下る 東塩小路町 721-1
📍 35.98747, 135.75949　☎ 075-361-3215　🕐 09:00-21:20(最後進場時間 21:00)
🍴 成人¥800；高中生¥650；中、小學生¥550；3歲以上¥150
🏠 www.keihanhotels-resorts.co.jp/kyoto-tower　Map → ② - B - 4

❷ 元離宮二条城 京都御所
もとりきゅうにじょうじょう きょうとごしょ

PLUS 供奉「學問之神」的神社

北野天満宮 きたのてんまんぐう

作為供奉學問之神「菅原道真」的神社，也是學生們必定造訪之處。菅原道真是平安時代著名的學者與政治家，因為受到誣陷，而被貶至福岡的大宰府，自此改變了一生的命運。在死後洗脫污名，被移至天滿宮供奉。神社內四處都是幫他跑腿的銅牛像。據說撫摸牛頭能變聰明，因此銅牛的頭部都異常光亮。

⚘ 京都市上京区馬喰町北野天満宮社務所 市巴士10、50、51、55、101、102、103、203號「北野天満宮前」站下車

☎ 35.0314, 135.73512 ☎ 075-461-0005 ⏰ 4月至9月 05:00-18:00、10月-3月 05:30 17:30 ⚘ 天滿宮境內自由參觀／梅園、楓葉苑一成人￥1,000；孩童￥500 🏠 kitanotenmangu.or.jp **Map →** ❷-A-1

摸摸神牛能夠幫助開智慧，念書一把罩！

Spot. ①

元離宮二条城
もとりきゅうにじょうじょう

京都御所是日皇們居住的皇居，為了讓守衛皇族的將軍，在京都有落腳之處，現存的二条城是1601年德川家康為提供上洛時住宿而重建，並於1603年完成啟用。城中分為「二之丸」及「本丸」兩個區域。國寶「二之丸宮殿」中有33個房間，每個房間都華麗地掛著竹子或是老虎等畫作裝飾點綴。這裡也是1867年江戶幕府的第15代將軍德川慶喜，將國家統治權歸還日皇，史稱「大政奉還」的歷史舞台。

⚘ 京都市中京区二条通堀川西入二条城町541 市巴士9、12、50、101號「二条城前」站下車；地下鐵東西線「二条城前駅」。 ☎ 35.01422, 135.74821 ☎ 075-841-0096 ⏰ 08:45-17:00 ⚘ 成人￥620；高中生、國中生￥350；國中生￥250；國小生￥200 🏠 nijo-jocastle.city.kyoto.lg.jp **Map →** ❷-B-2

二条城周遭的美食店

CURRY

❶ 森林食堂 (p.055)

氣氛相當獨特的咖哩專賣店，可以嚐到野豬肉咖哩。

CAFE

❷ 二条小屋 (p.025)

位於停車場下一角，不顯眼的咖啡站。有獨特的悠閒氣氛。

CAFE

❸ CLAMP COFFEE SARASA (p.026)

在綠意圍繞下享用香醇的咖啡。原豆是現場烘焙而成的。

CAFE

❹ 喫茶 マドラグ (p.037)

提供綿綿軟軟又熱呼呼的玉子三明治，在開店前就有食客大排長龍。

Spot. ②

京都御所
きょうとごしょ

1869年明治天皇遷都東京之前，大約有500多年期間，這裡便是歷代天皇居住的皇居，並且在此處理政事。正殿紫宸殿採用的是平安時代的建築樣式，明治天皇、大正天皇、昭和天皇的即位儀式皆於此殿內舉辦。另外，除了登基大典外，其他重要的國家儀式也會在此殿舉行。清涼殿是日皇生活起居的地方，遭遇祝融後於1855年重建，亦依平安時代建築樣式重建。由佔地65萬平方公尺，芳草如茵、綠樹蔥鬱的「京都御苑」包圍著它。

> 1869年明治天皇去東京之前，大約500多年期間，歷代天皇便在此居住及處理政事。

⊕ 京都市上京区京都御苑内 市巴士51、59、201、203號「烏丸今出川」站下車；地下鐵烏丸線「今出川駅」 ◉ 35.02541, 135.76212 ☎ 075-211-1215 ⊙ 09:00-17:00(10月-2月至 16:00 9月及3月至 16:30) 星期一休館，12月28日-1月4日休館 🏠 sankan.kunaicho.go.jp/gui/de/kyoto.html Map → ② - C - 2

Spot. ③

下鴨神社
しもがもじんじゃ

上賀茂神社（賀茂別雷神社）侍奉的是主祭神是「賀茂別雷命」，而侍奉他的祖父——「賀茂建角身命」大神以及母親「玉依姬命」大神的，便是下鴨神社了。在京都遷都之前，它早就具有作為權力中心的久遠歷史。它的正式名稱是「賀茂御祖神社」。與神社相連的是被指定為「史跡」的原生林「糺之森」，在葵祭舉行時，遊行隊伍會通過林間道路。在侍奉主祭神的本殿兩旁有7座外觀較小的「言社」，分別侍奉十二干支的守護神。

⊕ 京都市左京区下鴨泉川町59 市巴士1、4、205號「下鴨神社前」站下車 ◉ 35.03917, 135.77301 ☎ 075-781-0010 ⊙ 06:30-17:00 ⊛ 免費 🏠 www.shimogamo-jinja.or.jp Map → ② - C - 1

NEARBY

同志社大学 どうししゃだいがく

日本的私立名校之一的同志社大學，於1875年由基督教新教的傳道士，也是教育家的新島襄所創立。分據今出川通兩側，與京都御所隔街相望的「今出川校園」是19世紀後半所興建的並行紅磚建築，古意盎然。其中被指定為日本重要文化財的「哈里斯理化學館」以及「同志社禮拜堂」之間，有尹東柱詩碑及鄭芝溶詩碑（兩位都是在嚴峻的朝鮮日治時期，來到同志社留學的詩人）。雖然鄭芝溶詩人於畢業後即歸國，但尹東柱詩人卻在就學期間，因參與反日民族獨立運動為由，遭到日本警察拘捕，並在福岡刑務所終結了年輕的生命。尹東柱詩碑上刻著他的代表作《序詩》；而鄭芝溶詩碑上，則刻著詩作《鴨川》。

⊕ 京都市上京区今出川通烏丸東入玄武町601 市巴士59、102、201、203號「烏丸今出川」站下車 ◉ 35.03009, 135.7606 Map → ② - B - 1

京都御所周邊的美食與商店

1 時間堂 (p.030)

新舊交會，令人印象深刻的咖啡廳。一樓是咖啡廳，二樓則是雜貨店。

2 鴨川咖啡廳 (p.035)

深受當地居民喜愛的咖啡廳。

3 Community Store to See (p.097)

以藝術家眼光嚴選，集合了特色小物的空間。

販賣可愛和菓子的店家

4 HISOCA (p.097)

每件物品都有故事的雜貨店。

5 UCHU和菓子寺町店 (p.102)

販賣最可愛手信京都新式動物和菓子的專賣店。

©손주열

SOUTH - SPOT TO GO

洛南
洛南，京都的南區

京都旅行的開始與結束，都會是在京都的南區──從東寺與伏見稻荷大社，廣義來說，還包括以酒聞名的伏見，以及以茶聞名的宇治。

因為是24小時開放，若在清晨以及落日後再造訪，可以相對悠閒安靜地參觀。

Spot. **①**

伏見稻荷大社
ふしみいなりたいしゃ

足足有1300多年引以為傲的歷史，京都的伏見稻荷大社是日本境內三萬多所稻荷神社中的總本寺。沿著山路綿延不絕的壯觀朱紅色鳥居，便是著名的千本鳥居。也是外國人最喜愛的觀光景點第一名。

⌖ 京都市伏見区深草薮之内町68 JR奈良線「稻荷駅」；京阪本線「伏見稻荷駅」
⊙ 34.96714, 135.77267 ☎ 075-641-7331
🕐 24小時開放 💴 免費 🏠 inari.jp
Map → ⑥ - F - 4

Spot. **②**

東寺
とうじ

正式名稱是「教王護國寺」。在遷都至京都後的796年間建成。五層塔（五重塔）是日本現存的最高木造古塔，也是東寺的象徵。一到春天，旁邊的巨大垂枝櫻樹（不二櫻）與古塔，就會彼此交織成一幅美若仙境般的畫作。

⌖ 京都市南区九条町1 京都駅徒步15分鐘
⊙ 34.98111, 135.74759 ☎ 075-691-3325
🕐 境內 05:00-17:00 金堂、講堂 08:00-17:00
💴 金堂、講堂─成人￥500；高中生￥400；國中生以下￥300(依期間有所差異) 🏠 toji.or.jp **Map →** ⑥ - D - 3

Spot. **③**

東福寺
とうふくじ

東福寺名稱的由來，是從奈良的「東大寺」與「興福寺」各取一字得來的。著名的本坊庭園，是由東南西北四個方向看，景色各異其趣的庭園，更是大家所熟知的賞楓景點。

⌖ 京都市東山区本町15-778 市區巴士202、207、208系統「東福寺」站下車 ⊙ 34.97651, 135.77423
☎ 075-561-0087 🕐 4月至10月 09:00-16:30 11月至12月初 08:30-16:30 12月初至3月 09:00-16:00
💴 通天橋／開山堂、本坊庭園─各自成人￥400；中、小學生￥300 🏠 tofukuji.jp **Map →** ⑥ - F - 4

洛北
洛北，京都的北部

位於東西橫貫的北大路通的北側區域。
即使在四方環山的京都，北方的山依然
相當高聳神祕。

上賀茂神社
與下鴨神社並立的
古老神社。

花園美術館比叡
眺望京都市街
的最佳展望處。

詩仙堂
找回心靈平靜的
靜謐空間。

Spot Infomation

① 詩仙堂
② 圓光寺
③ 修學院離宮
④ 上賀茂神社
⑤ 源光庵
⑥ 光悅寺
⑦ 鞍馬寺
⑧ 花園美術館比叡

Spot. ① 詩仙堂
しせんどう

「在詩仙堂裡，根本感覺不到時光流逝」、「找回心靈平靜之處」等等，當地人異口同聲讚譽有加的詩仙堂，是由德川家康的部下石川丈山，為了度過隱退生活而建的。他雖然是武將，但在茶道、詩藝及庭園設計方面，卻有高人一等的才華，而詩仙堂便是他盡情發揮所長，並展現審美觀的佛庵。坐在「詩仙之間」欣賞簡樸庭園景致，那些讓心靈煩亂的雜念，都會煙消雲散。初夏及秋季分別以皋月杜鵑及紅葉聞名。

ⓐ 京都市左京区一乗寺門口町27
市區巴士5系統「一乗寺下り松」站下車
ⓖ 35.04372, 135.79612　☎ 075-781-2954
ⓣ 09:00-17:00
ⓢ 成人￥500；高中生￥400；小學生￥200
🏠 kyoto-shisendo.com　Map → ⑤ - E - 2

NEARBY

修学院離宮　しゅうがくいんりきゅう
17世紀時建造的日皇別宮。在54萬平方公尺的寬廣腹地上，分為「下離宮」、「中離宮」及「上離宮」三個區域。其中就屬有蓮塘的上離宮風景最美。

ⓐ 京都市左京区修学院薮添 市區巴士5、31、65系統「修學院離宮道」站下車；叡山電鐵「修學院駅」　ⓖ 35.05356, 135.79963　☎ 075-211-1215
ⓣ 09:00- 10:00- 11:00- 13:30- 15:00-　星期一休，12月28日-1月4日休
ⓢ 免費　🏠 sankan.kunaicho.go.jp/guide/shugakuin.html　Map → ⑤ - E - 2

TIP
必須提前預約！
「桂離宮」和「修學院離宮」都必須預約導覽才能參觀。導覽時間約1至1小時30分鐘。現場備有中文的語音導覽及手冊。因為是相當受歡迎的景點，所以必須提前3個月於網頁上預約，才能選擇造訪的日期及時間。

Spot. ② 圓光寺
えんこうじ

1601年作為德川家康推行「文治政治」（文治主義）的一環，在伏見城的圓山寺開辦學校，並請來禪僧閑室元佶負責開課講學。到了1667年才移至現址。到了楓紅的季節，景色特別美。

ⓐ 京都市左京区一乗寺小谷町13 市區巴士5「一乗寺下り松」站下車
ⓖ 35.04509, 135.79706　☎ 075-781-8025　ⓣ 09:00-17:00
ⓢ 成人￥500；中學、高中生￥400；國小生￥300　🏠 enkouji.jp Map → ⑤ - E - 2

推薦給想好好吃一餐的您

一乗寺周遭的餐廳與商店

MEAL

① つばめ (p.049)
忙得四處參觀而錯過用餐時間，又想好好吃一頓飯時，就來這裡吧！

BOOKSTORE

② 惠文社 一乗寺店
けいぶんしゃ いちじょうてらてん
英國《衛報》選出的「世界最美麗的書店BEST 10」之一。

ⓐ 京都市左京区一乗寺払殿町10
ⓣ 075-711-5919
ⓣ 10:00-21:00 1月1日公休　Map → ⑤ - E - 2

Spot. ③
上賀茂神社
かみがもじんじゃ

這裡侍奉的是「賀茂別雷大神」，祂既是長久統治這個區域的貴族賀茂家的祖神，也是雷神。神社的正式名稱是「賀茂別雷神社」。早在京都遷都之前就已經勢力龐大，在京都成為首都之後，便和下鴨神社一同成為王室直接管轄的神社。在進入本殿前先到「細殿」參拜，細殿的前方有圓錐狀的立砂，便是預示神明降臨的上賀茂北方「神山」的具象化造型物。這裡也是每年5月15日舉辦的葵祭的主館。

📍 京都市北区上賀茂本山339 市區巴士4、46、67「上賀茂神社」站下車 📍 35.05928, 135.75252
☎ 075-781-0011 🕐 05:30-17:00 💰 免費
🏠 kamigamojinja.jp Map → ⑤-D-1

有時間的話，順便來逛逛

源光庵 げんこうあん

1346年創建的禪宗寺廟，位於市中心北方再往北的鷹峰。著名的分別為圓形的「頓悟之窗」以及方形的「妄念之窗」。

📍 京都市北区鷹峯北鷹峯町47 市區巴士6、北1「鷹峰源光庵前」站下車 📍 35.05478, 135.7317
☎ 075-492-1858 🕐 09:00-17:00(因庫裡整修，目前不開放，預計2021年秋天開放)
💰 中學生以上￥400(11月￥500)；小學生￥200 Map → ⑤-D-2

光悦寺 こうえつじ

在光悦寺的庭園後方，可以一次眺望「鷹峰三山」。平時人煙稀少，但只要到了楓紅季節，便會引來大批遊客造訪。

📍 北区鷹峯光悦町29 市區巴士6、北1「鷹峰源光庵前」站下車 📍 35.05478, 135.7317
☎ 075-491-1399 🕐 08:00-17:00
💰 中學生以上￥300(楓紅季節￥400)
Map → ⑤-D-2

Spot. ④ 鞍馬寺
くらまでら

這裡是於770年，為了侍奉四天王之一的「毘沙門天」所建立的寺廟，因為毘沙門天是北方的守護神，因此在京都遷都後，便以其為守護首都北方的寺廟極負盛名。傳說中那位深受日本人喜愛的悲劇英雄「源義經」，就在是鞍馬寺與「烏天狗」相遇，共同苦行修練，最終得以打敗敵人，復仇雪恨。因為整座山本身都納入鞍馬寺的境內，所以從入口到本殿金堂，必須要登山健行30分鐘才能抵達。如果想輕鬆上山的話，也可以選擇搭乘纜車（單程￥200）。從多寶塔站下來到本殿，大約是10分鐘的緩慢坡路。本殿前方的三角形圖騰是高人氣的「能量場所」。從本殿左方的小路上去，約1小時30分鐘，便可以看到「貴船神社」。

京都市左京区鞍馬本町1074 叡山電鐵「鞍馬站」下車
35.11798, 135.77098 ☎ 075-741-2003
09:00-16:30 高中生以上￥300
kuramadera.or.jp Map → ⑧ - A - 4

眺望京都的最棒觀景台，之三

ガーデンミュージアム比叡
がーでんみゅーじあむひえい

坐落於海拔840米的比叡山山頂的比叡山花園美術館，是一座以法國印象派畫家及其作品為主題的露天式花園美術館，於2001年開幕。栽培有1,500種花卉，無論任何季節前去，都能欣賞到當季盛開的鮮花。

境內分為六大區域，每一個角落都裝飾著各式花卉，穿插展示著彼此相襯的莫內、塞尚或是梵谷的畫作。位處橫跨京都府與滋賀縣的比叡山，因而能眺望古都京都街景及日本第一大湖泊的琵琶湖，是不容錯過的眺望美景之一。館內雖然也有餐廳，但價格不太親民，最好還是自行準備便當或吃食再上山。

可以眺望日本最大的湖泊──琵琶湖

交通方式

1. 從JR京都駅、京阪電鐵「三条駅」或是「出町柳駅」搭乘京都巴士57號，在「叡山山頂」下車，單程車票￥820。

2. 從叡山電鐵「出町柳」站，搭乘往「八瀬比叡山口」方向的列車，在終點站下車。於八瀬－比叡區間，改程登山纜車，而在比叡－比叡山頂區間，則搭乘架空索道（Ropeway）移動。你也可以在「出町柳」站購買旅遊套票，套票包含了叡山電車、登山纜車、架空索道的來回車票，以及花園美術館比叡的入場費，套票價格成人￥2,400。

京都市左京区修学院尺羅ヶ谷四明ヶ嶽4(比叡山頂) 35.06514, 135.82926 4月11日-12月6日 10:00-17:30、7月25日-8月23日 10:00-20:30 4月15日-11月19日，中學生以上￥1,200；國小生￥600；其他日期，中學生以上￥600；國小生￥300 garden-museum-hiei.co.jp Map → ⑤ - F - 1

庭園

從 庭 園 看 京 都

都市中心有清瀬江流潺潺流淌，四方有山包圍保衛，京都本身就是一個巨大的庭園。在這座由自然構築而成的庭園中，到處都能見到人民親手拾綴管理的大小庭園造景。有時隨意、有時是費盡心思妝點，越看越令人感到心靈平和。

日式庭園的種類，先了解一些吧！

枯山水式庭園

不使用水，只用沙與石子、植栽等，來表現自然景觀的庭園。在室町時代中後期時，受到禪宗影響而發揚光大，也是我們印象中知道的「日式庭園」，其中最具代表性的有龍安寺、建仁寺、東福寺等。

迴遊式庭園

進入庭園中邊逛邊觀賞的庭園型式。在鎌倉時代及江戶時代相當流行。著名的有桂離宮、二条城的丸御殿、天龍寺的曹源池庭園、平安神宮的神苑等。

除了神社與寺廟內的庭園之外，有另一處庭園也很值得走訪

無鄰菴 むりんあん

大約位於南禪寺與平安神宮的中央位置。它是政治家——山縣有朋的東山別莊，於1896年建造。引流琵琶湖的湖水打造的蓮池，是一座可以讓人繞著觀賞的池泉迴遊式庭園。這座無鄰菴庭園是山縣有朋請第七代的造園名手「植治」（小川治兵衛）設計建造的。從簡樸的別莊看去，可以同時欣賞到蓮池與東山的山稜。

- 京都市左京区南禅寺草川町31
- 35.01158, 135.78708 ☎ 075-771-3909
- 4～9月 09:00-18:00 / 10～3月 09:00-17:00
- 小學生以上 ¥600 🏠 murin-an.jp
- Map → ① - C - 2

建築

安 藤 忠 雄 IN 京 都

在日本出生的世界級建築師安藤忠雄，是在京都的相鄰都市大阪出身的。他曾經做過卡車司機及職業拳擊手，後來靠著自學成為建築師。他的作品融合了電影般波瀾跌宕的人生經歷，再透過清水模，交織成大器不落俗套的建築，受到許多人的讚揚。
濟州島的本態博物館及GENIUS LOCI（現在是維民美術館）等等，也都是這位大師的傑作。他在京都也留下不少創作作品。與矗立千年的古老建築物群，一同並肩站在京都這個舞台上。

1. 京都府立陶板名画の庭

きょうとふりつ
とうばんめいがのにわ

京都府立植物園與其東方相鄰。京都純熟的陶板製作工藝將世界名畫放大重現，與建築巧妙地結合起來，重現米開朗基羅的《最後的審判》、莫內的《早晨睡蓮》等八幅世界名畫。由牆上順流而下的水瀑、直接躺在水池中的睡蓮名畫，甚至越過清水模，就能看到旁邊的植物園。雖然這裡是市中心，卻讓人有一種在自然中觀賞名畫的錯覺。可因為管理不善，四處可見蜘蛛網，讓人感到有點惋惜。此處是1994年所設計。

⊕ 京都市左京区下鴨半木町 地鐵烏丸線，北山駅下車
◉ 35.05065, 135.76544 ☎ 075-724-2188
🕐 09:00-17:00 12月28日-1月4日休館 ¥ 高中生以上￥100
🏠 kyoto-toban-hp.or.jp Map → ⑤ - E - 2

2.
アサヒビール大山崎山荘美術館

あさひびーるおおやまざきさんそう
びじゅつかん (p.121)

原本是大戶人家的別墅，在改建成美術館時，需要全新的展示空間，當時請來安藤忠雄參與設計，館內有本館、與自然相容的地中館及山手館。完工同時開館的地中館被人稱為是「地下的寶箱」，因為它是名符其實的半地下結構設計。從本館出來，由高玻璃圍幕包圍的階級走下來，會看到半圓形的展示室。在這間展示室，可以觀賞到莫內的睡蓮系列作品。至於2012新增的山手館，就建立在原本是栽培蘭花的溫室之上，與深入地下的地中館不同，一層樓高的山手館，為了不擋住周遭的自然景觀，費了心思結合原本的溫室建築，與戶外的樹林相輔相成，完美融入。地中館於1995年設計，山手館則於2012年設計完工。

Map → ⑩ - E - 4

位於高瀨川江邊的商場

PLUS 徒步與安藤忠雄相會

不必跑來跑去的朝聖，在市中心就有好幾處安藤忠雄的建築作品。

Times
位於三条大橋與河原町三条十字路口之間流淌的高瀨川江邊的商場，裡面有餐廳、服飾店等。於1984年完工。

⊕ 京都市中京区中島町92

NIWAKA 京都本店 にわか きょうとほんてん
在京都誕生的珠寶品牌NIWAKA的總店，配合品牌形象，建築外觀端端莊貴氣，內部裝潢以紫色為主。2009年完工。

⊕ 京都市中京区福長町105俄ビル

自転車

在 京 都 騎 乘 腳 踏 車

在日本的任何一個城市，為了給騎乘自行車的市民提供方便，都建置了完善的設施。京都自然也不例外！京都的棋盤式道路簡單明瞭，大部分的景點又相當集中，非常適合騎乘自行車觀光。

ADVICE 事先確認京都市內的「自行車禁止通行區域」！

1 四条通的烏丸通與東大路之間。
2 河原町道的仏光寺通與御池通之間。
3 此外還有寺町通商店街、新京極商店街等，設置了拱廊的區域，以及先斗町。

Step 1 在日本騎乘自行車的注意事項

· 路上除了有特別標示自行車專用道之外，原則上在車道上行駛。

· 原則上左側通行，絕對禁止逆向行駛。

· 在馬路上無條件禮讓行人優先通行。如果沒辦法，必須在沒有標示自行車專用道的路上騎乘時，就沿著車道的邊緣行駛。

· 酒後騎乘、兩車並行、騎乘時手持雨傘或使用手機，全都是禁止的。夜間騎乘必須開燈。

· 未滿13歲兒童，必須頭戴安全帽。

· 使用指定的停車位。

Step 2 應該在哪裡租借自行車？

京都サイクリングツアープロジェクト

京都KTCP（Kyoto Cycling Tour Project）

在京都駅中央出口有最近的自行車租借站。河原町、金閣寺，以及伏見等都有分站。可以在任一站點返還車輛（回收費用￥400）是它的優點。一日租金￥1,000起跳。

⊕ 京都市下京区油小路塩小路下ル東油小路町552-13 ⑨ 34.98625, 135.75417
☎ 075-354-3636 ⏰ 09:00-18:00
🏠 kctp.net(提供事先預約服務，也有支援中文)
Map → ② - B - 4

推薦的出租店

Step 3 親身體驗後的推薦行程

京都市區北部的行程。仁和寺、龍安寺、金閣寺雖然相隔不遠，但依靠步行仍有點負擔，再加上巴士班次也不算多，因此若使用自行車，可以更愜意地在景點間移動。返程時不需太過勉強，先在江邊略作休憩，再繼續前進吧。

京都市北區單車路線

京都駅 →5分鐘→ 西本願寺 →15分鐘→ 二条城 →25分鐘→ 仁和寺 →5分鐘→ 龍安寺
龍安寺 →10分鐘→ 金閣寺 →30分鐘→ 下鴨神社 →5分鐘→ 鴨川 →30分鐘→

温泉

一 池 溫 泉 的 愜 意

面對著絕世美景，身體浸泡在熱燙的溫泉水中，將一天的疲勞全都釋放掉。這不正是來日本旅遊的旅客們的最棒享受嗎？可惜的是，這一點在京都市內無法實現，但也不必失望，只要再多跑一些路，就算不是華麗的日式旅館，沒有煮得香噴噴的溫泉蛋，但還是有一些京都味的寧靜溫泉景點，在等著各位的造訪。

1.

風風の湯
ふふのゆ

這個溫泉距離阪急嵐山駅只有5分鐘的距離。因為地理位置極佳，因此有相當多顧客來此放鬆紓壓。各有兩個溫泉內湯及露天風呂，雖然有點小，但有三溫暖，在休息區域也可以用餐。

⊙ 京都市西京區嵐山上河原町1
🌐 35.01169, 135.67993
☎ 075-7863-1126 🕐 12:00-21:30(最後入場 21:00)
💴 中學生以上￥1,000(週末￥1,200)；3歲以上￥600；2歲以下
￥300 🏠 www.hotespa.net/spa/fufu Map → ④ - A - 3

船岡溫泉

サウナの梅湯

2.

鞍馬溫泉
くらまおんいずみ

從鞍馬駅走過去需要15分鐘，地點位於山林之中。看準列車發車時間，還可以搭乘接駁巴士往返車站與溫泉之間。在此可以向下眺望守護京都北部的山區，享受蒸騰的溫泉。

⊙ 京都市左京區鞍馬本町520
🌐 35.11928, 135.77651
☎ 075-741-2131
🕐 10:30-21:00(露天溫泉到 20:00)
💴 一日券一成人￥2,500；兒童(4歲-12歲)￥1,600；
露天溫泉利用券一成人￥1,000；兒童￥700
🏠 kurama-onsen.co.jp Map → ⑧ - A - 4

PLUS 京都的日常，大眾浴場

京都市民對大眾浴場的喜愛與眾不同。我們在數十年前，也曾經會每天到大眾浴場報到，將個人物品仔細地鎖入保管箱。但時至今日，像這樣子生活的人，在京都依然很多。感覺來到大眾浴場一次，就能更接近京都一點。

船岡溫泉 ふなおかおんせん

從1923年開始營業，直到2003年被指定為有形文化財。復古風的室內裝潢就好像是進入老電影的經典場景一樣，在歲月流逝中，就這麼平淡又一貫地經營下來。

⊙ 京都市北区紫野南舟岡町82-1
☎ 075-441-3735
🕐 星期一～六 15:00-25:00 星期日 08:00-25:00
💴 成人￥430 🌐 funaokaonsen.net

サウナの梅湯 サウナのうめゆ

一個20多歲的青年，將這間即將倒閉的大眾浴場收購下來，並讓它有了嶄新的面貌。現在則是以「爵士樂浴場」而聞名，成了全日本國民，甚至國外旅客們經常光顧的大眾浴場。

⊙ 京都市下京区木屋町通上ノ口上ル岩滝町175
🕐 14:00-26:00 週末 週末上午增加(06:00-12:00) 時段；星期四公休 💴 成人￥430

日歸溫泉．利用大眾浴池的注意事項

1
大部分溫泉裡的毛巾，都是必須租借或是付費購買的，因此毛巾最好還是自行準備。

2
泡露天溫泉時，如果遇到蜜蜂驚擾，比起大聲尖叫並躲避，最好還是將身體浸入溫泉中，並潑水驅趕牠比較好。

LIFE STYLE & SHOPPING

日本還有其他像京都這麼喜好分明的城市嗎？
無論是基於一個一個純手工製作，或是使用京都本地高級原料製
作的關係，
它的標價看起來也許貴了一些，但這些做工紮實的精品，
即使讓荷包消瘦了一點，卻能帶給你滿足的購物體驗。

千年古都的痕跡
古玩古物

即使是幾百年的建物，京都人也不會輕易夷平它，而是一點一點地去修復。更何況是物品呢？小心使用並維護，將珍物惜物的觀念代代相傳。爺爺使用過的物品傳承到孫子手上，在京都這個地方是很自然的事情。而受到珍視的物品並不只限定於產自京都的東西，來自其他地區未找到主人的物品，也輾轉繞過半個地球，來到京都，找到某個人珍惜它。因為明白這份價值的人聚在京都，所以全世界各地的古董品也都流向此處。

看準時機再來的二處古董跳蚤市集

弘法市
東寺的弘法市

北有天神市，南就有弘法市。為了稱頌與東寺緣份極深的僧侶「空海法師」，感念他在3月21日去逝，便於每月21日舉行跳蚤市場。在空海法師死後，嵯峨天皇便賜他「弘法大師」的稱號。而弘法市也有足足將近800年的漫長歷史，從江戶時代之後，規模開始變大，並一直延續到了今日。天神市那天會擠滿當地人及觀光客，但弘法市卻明顯是當地人佔大多數，所以，除了古董品之外，也會販售各式生活用品，具有市場獨有的喧鬧與活力，所以在這裡逛著逛著，根本忘了時間的流逝。

⏱ 開始時間 05:00-16:00(雨天照常舉行)
Map → ⑥ - D - 3

天神市
北野天滿宮的天神市

北野天滿宮侍奉著學問之神「菅原道真」，他在人間的出生之日為農曆6月25日，仙逝之日為農曆2月25日。因此每月的25日便被訂為了「天神之日」，古董市集出現，神寺的燈火也會一直長明至夜晚。北野天滿宮的古董跳蚤市集通常也稱為「天神市」，從一大早六點開始，便有超過300多家商販出來擺攤迎接客人。一到這一天，市區大部分古董專賣店都會拉上大門，聚集到北野天滿宮門前，也會有許多京都市民，讓家中珍藏了許久的家傳寶重見天日。不只是古董，還有販賣手工藝品和小吃的攤商，以及來此參觀選購的客人。因此每月25日，北野天滿宮的人潮便從早到晚都不間斷，十分熱鬧，如果你不想跟別人擠，想要自在閒逛，最好在中午前就過來。

⏱ 開始時間 06:00-16:00(雨天照常舉行) 境內亮燈時間一從日落到21:00
Map → ② - A - 1

PLUS 北野天滿宮附近的古物店

HANAMIZUKI ハナミズキ
📍 京都市上京区鳥居前町666-1
☎ 11:00-17:00 星期三、四公休

こっとう画餅洞 こっとう わひんどう
📍 京都市上京区今出川通り六軒町西入190-16
☎ 075-467-4400 ⏱ 大約中午-18:00 不定期公休

NOUS
ヌース

京都御所

ⓐ 京都市中京区天守町742インテリア稲井ビル1F
ⓖ 35.01486, 135.76229
☎ 075-256-3356
ⓣ 13:00-19:00 星期二、星期三公休
🏠 nous-atq.com
Map → ② - B - 2

它就位於京都御所和京都市役所的中間，喜愛古董品的人們怎麼逛都不會膩的「夷川通」。即使市區中四處都有古董店的蹤影，可此處卻聚集了最多的古董品專賣店。其中最引人注目的便是這家NOUS了，與其他店家相比，它的規模較小，但販賣著許多旅客偏愛的小巧物品，它隔壁緊鄰著注重照明的古董店「パラボラ」，也許會讓人混淆，但只要記得白色大門是パラボラ，而黑色大門則是NOUS，就不會搞錯了。網路商店也上傳許多商品圖片，在造訪之前先做點功課，也能先設定自己的預算及採購目標。

PLUS 附近的古物店

Pro Antiques 「COM」 プロアンティークスコム
ⓐ 京都市中京区三条通高倉上がる東片町616 コムハウス01/02
☎ 075-254-7536　ⓣ 12:00-20:00

ANTIQUE belle アンティークベル
ⓐ 京都市中京区姉小路通御幸町東入丸屋町334
☎ 075-212-7668　ⓣ 12:00-19:00

70B ANTIQUES
70B アンティーク

三条通

ⓐ 京都市中京区三条通高倉東入桝屋町53-1-B1F
ⓖ 35.00868, 135.76265
☎ 075-254-8466
ⓣ 11:00-20:00
🏠 seventy-b-antiques.com
Map → ③ - D - 2

三条通上群聚著1906年建起的京都文化博物館，以及1902年建起的中京區郵局等近代建築，這一家便位於三条通的中央。雖然單看70B招牌上的霓虹燈，根本不知道這間是什麼店，但也會很自然地，從門口沿著相當有時代感的窗框及梯子，漸漸地步行而下，來到地下室。70B ANTIQUES主要販售的是1880~1960年代，英國、法國、比利時、荷蘭及美國這五個國家的古董品。除了這間三条通的賣場外，還在京都駅南方的上鳥羽口駅附近，設有倉庫及展示間。它也是西日本最大的古董店，因為大量採購的緣故，在價格上，顧客較不會感到負擔。

MUMOKUTEKI ANTIQUE&REPAIR
ムモクテキ

寺町通商店街

ⓐ 京都市中京区式部町261ヒューマンフォーラムビルB1F
ⓖ 35.00652, 135.7667
☎ 075-277-7100
ⓣ 12:00-19:00
🏠 mumokuteki.com/antique
Map → ③ - E - 3

來到MUMOKUTEKI咖啡廳，即使前方還有20名客人在排隊等待，也不會感到無聊和煩躁，因為只要逛逛一樓的雜貨店，以及地下室的古物店，待位時間一眨眼就過去了。主要販售歐美的古物，賣場內設有工坊，為客戶提供古物維修保養的服務。

SOWGEN 四条店
そうげん よんじょうみせ

四条河原町

ⓐ 京都市中京区高宮町573
ⓖ 35.0058, 135.76464
☎ 075-252-1007
ⓣ 12:00-19:00 咖啡廳11:30-19:30(最後點餐時間 19:00) 第二週的星期三公休
🏠 sowgen.com
Map → ③ - E - 3

如果住在PIECE HOSTEL SANJO的話，每天都會經過這家店好幾次，但因入口處寫著可以吸菸，所以我總是猶豫著是否該進去，直到某一天，眼看著就快要回到宿舍，天空卻下起傾盆大雨，只好急忙跑進店內躲雨，這才發現此處別有洞天。京都雖然原本就是古物的天堂，但店內卻不單純只有日本的古物，還擺放著許多國籍不清、用途曖昧的漂亮古物，室內裝潢照明良好，每件古物也精巧特別。但只有賣場內的咖啡廳是允許吸菸的。而咖啡廳內的裝飾品也全都是古物。慶幸著自己不是定居在京都，不然每天得花多少錢才能滿足我對古物的欲望啊。

愛不釋手的瓷器

Pottery Book「器の本」

¥4,500（税込 ¥4,850）

SIONE 銀閣寺本店

シオネ ‖ 銀閣寺

⌂ 京都市左京区浄土寺石橋町29
◎ 35.02717, 135.79258　☎ 075-708-2545
🕐 11:30-17:30 星期二公休　🏠 sione.jp
Map → ① - A - 1

距離銀閣寺最近的公車站牌「銀閣寺前」站大約3分鐘的路程。與所有去銀閣寺的人潮相反方向，往前走一些，穿過小巷後向左轉，便能看到這家SIONE銀閣寺本店了。入口處有一片大落地窗，能讓陽光灑落進室內，即使到了下午，不開人工照明，室內依然明亮。SIONE的原創瓷器，大部分都是潔淨的白色系，雖然不是華麗的作品，但透過一個小小的瓷器，也能深切感到日常生活的藝術之美。讓人一下子就注意到的是「瓷器書」（器の本），它也是SIONE為了表達「讀之瓷器」（読む器）概念製成的商品。將書籍模樣的盒子展開後，左邊是簡潔優美的小品文，右邊則裝著一個相襯的盤子。店內有個咖啡廳，可以欣賞到小小庭院風景，食器全都使用SIONE的原創瓷器。

STOCK うつわ・工藝

ストック
うつわ・こうげい ‖ 北野天滿宮

⌂ 京都市北区大将軍東鷹司町163
◎ 35.02301, 135./3203
☎ 075-406-0012　🕐 13:00-19:00 星期二、星期三公休　Map → ② - A - 2

我從北野天滿宮步行至JR圓町駅時，中途偶然間發現了這家店。像這樣偶然就與好店相遇，也是京都旅遊的樂趣之一。店主佐藤夫婦，因厭倦了在MEGA CITY東京的生活，而來到京都。沒想到來京都之後，才發覺自己以前根本是忙碌得不像在生活。於是便配合自己的腳步，慢慢地為店面尋找展品，他們會盡可能親自到工坊與創作者商談後，才決定引進作品，也會定期與周遭的小店交流。看著店內的展品，便能明白他們的審美觀有多高明，而經過他們推薦的店家，更都是品味獨特的好地方，如果你也想知道只有當地居民才知道的隱藏店家，便來這裡走一趟吧！

即使是在迅速飲用後離開的咖啡站所使用的杯子，看起來也不會隨便。
清酒專賣店中，每當想點一杯新酒，就會換另一種杯子盛上。
在京都，陶瓷器並非超越玻璃的櫥櫃展覽品，
而是一大早從睜開眼睛，一直到睡下，深入生活的日常用品。

若葉屋
わかばや

`三条通`

🏠 京都市中京区三条通西洞院西入塩屋町53
📍 35.00844, 135.75476
☎ 075-221-0467　🕐 10:00-19:00 星期三公休
🏠 wakabayakyoto.com
Map → ② - B - 3

三条通與四条通是京都人潮最鼎沸的街區，而在步行2分鐘，稍微脫離市區塵囂的這條小路上，有一間十分著名的鬆餅店，即使是旅客，也能輕鬆地找到。「若葉屋」的誕生，是由奶奶開的化妝品店的店名傳承而來。賣場的布置猶如實際家庭一樣，因為與其讓作品不食人間煙火般地展示著，倒不如讓顧客親眼看看，這些陶瓷實際在家中使用的樣子，店內使用的沙發及斗櫃，有一部分都是實際在家中使用過的傢俱。店主高山先生的叔叔，是以京都為中心活動的陶藝家，店內最顯眼位置擺放的，便是叔叔的作品。

PLUS

熱情的京都夏日，去陶瓷慶典走走吧！

五条坂陶器まつり ごじょうさかとうきさい

五条坂是一個面向清水寺的小山丘，從以前就設有許多陶瓷窯爐。因此附近所生產的陶瓷，便統稱為「清水燒」，只要在京都提到陶瓷，第一個聯想到的便是清水燒，可見它有多麼著名。在時代變遷中，許多窯爐已經移至外地，或是毀損消失，但此地作為「京都陶瓷聖地」的地位卻不變。在每年8月7日到10日，都會舉行日本獨一無二的大規模陶瓷祭典HUN。慶典期間會有400多個攤商聚集在此處，讓顧客以便宜30-50%的價格，購買心儀的陶瓷，對於預算不多的旅客來說，也是一項機會難得的優惠。「若宮八幡宮社」中有一座刻著「清水燒發祥地」的紀念碑，而用清水燒裝飾而成的神輿，也會從此處出發繞行，更是一個特別的觀光景點。

🕐 開始時間 09:00-22:00（雨天照常舉行）
🏠 toukimaturi.gr.jp

HOTOKI
ホトキ

`國際會館站`

🏠 京都市左京区岩倉西五田町17-2
📍 35.06503, 135.7789
☎ 075-781-1353
🕐 10:00-18:00 星期一～星期四公休
🏠 hotoki.jp Map → ⑤ - E - 1

此店大約位於賀茂別雷神社與修學院離宮中間的曖昧位置，且周邊並沒有什麼景點，要專程前往。雖然有點麻煩，但實際去了之後，會發現其實值得一訪。一樓是陶作工坊，二樓則是小賣場以及咖啡廳。天氣晴朗的時候，陽光會從二樓的大片落地窗灑落進來，將陶器照耀得光采明亮。雖然店內展示著許多創作者的作品，但最醒目的還是HOTOKI的原創陶作。那個做成慵懶小狗模樣的湯匙陶架，讓我念念不忘，可惜沒有帶它回家。小賣場裡面的咖啡廳，可以清楚俯視一樓的陶作工坊，使用的食器也全都是HOTOKI的原創陶作。

讓日常生活更豐富多彩的
生活風格雜貨店

想要讓有品味的主人在深思熟慮後決定帶回家的生活用品，
其實並不需要寬闊的空間。
即刻就出發去旅行吧！
它讓我們的日常生活更豐富多彩。

1.

器と暮らしの
道具店おうち
うつわとくらしの
どうぐみせ

平安神宮

店主人智惠小姐，是出過三本生活用品
著作的達人。可見她的品味有多出眾
了。怎麼做也看不出來有做過的家務，
如何讓它做得出色，更樂在其中？她會
經過思考比較，並親自與創作者接觸，
親身試用之後，才會放在店內販賣。由
古老木造町屋改建的店內，適才適所也
擺著各式生活用品，等著主人將它們買
回家發揮所長。

⊕ 京都市左京区岡崎北御所町50-1
⊗ 35.01687, 135.78478　☎ 075-751-7550
⊕ 10:30-16:00 星期一、四、五公休
🏠 ouchiinfo.exblog.jp Map → ① - B - 2

2.

北白川ちせ
きたしらかわちせ

銀閣寺

ちせ是北海道原住民語——愛努語
「家」的意思。抱持著讓每一樣小物都
使生活更特別一點的希望，而開始經營
的店。平時一樓販售餅乾、果醬、有機
蔬菜等食品及傢飾品，二樓則販售陶
瓷、玻璃製品、飾品等。二樓隨時會舉
行商品主題展，並非只是外觀漂亮，而
是展示一些既漂亮又實用的物品。

⊕ 京都市左京区北白川別当町28 ⊗ 35.03082, 135.79133
☎ 075-746-5331 ⊕ 11:00-18:00星期三、星期四公休
🏠 chise.in Map → ① - A - 2

3.

HISOCA
ヒソカ

京都御所

因為地處京都御所西側的羊腸小巷中，HISOCA名符其實就像是個「祕密場所」。曾居住過法國的川井先生，他不分產地，也不論新舊，只要覺得好看的物品，就會引進店裡販售。每件物品都有它自己的故事，只要顧客有興趣聽，舉凡與原創者的相遇，或是物品的來源，他都會津津樂道。真的就在很不起眼的小巷中，如果不留心的話，很容易錯過。如果來到京都御所附近的話，就睜大眼睛過來找找它的招牌吧。

⊕ 京都市上京区榎木町通烏丸西入養安町242-91F
ⓖ 35.01827, 135.759 ☎ 075-202-3574
🕐 11:00-19:00 星期日、國定假日公休
🏠 hisoca-kyoto.tumblr.com **Map →** ②-B-2

4.

COMMUNITY STORE TO SEE
コミュニティーストアトゥーシー

京都御所

在京都出生、生活了近50年的攝影師中島先生，就是一個徹頭徹尾的京都人。他將自己攝影棚的一、二樓分出來，改成對外營業的咖啡廳兼展覽空間。店名之所以取名為「Community Store」，便是希望不相識的人在此相遇，創造彼此的緣份，並一起做著有趣的事。一樓販售的商品，大部分都是中島先生，以及與他有緣的創作家打造而成的。以攝影師的專業眼光，千挑萬選出來的物品，與其說是商品，更像是作品。

⊕ 京都市中京区衣棚通竹屋町上ル植町244
ⓖ 35.0165, 135.75709 ☎ 075-211-7200
🕐 11:00-19:00 星期二公休 ☕ 手沖咖啡￥540
🏠 t-o-s-e-e.jp **Map →** ②-B-2

5.

木と根
きとね

四条站與五条站之間

雜貨店與小咖啡廳共存的木と根，在2005年原本還只是一間倉庫，但卻在今日，同一個地點，成為了一個連外國人，都會特地前來朝聖的名店。主要販售陶瓷器，另外還有衣服、木砧板、餐桌布、草編籃等生活用品。品項雖然五花八門，但因為都不是大量生量的緣故，每種商品其實都有一兩個而已。

⊕ 京都市下京区燈籠町589-1 ⓖ 34.99929, 135.76079
☎ 075-352-2428 🕐 12:00-18:00(最後點餐時間 17:00)
🏠 kitone.jp **Map →** ②-B-3

6.

D&DEPARTMENT KYOTO BY 京都造形芸術大学
ディアンドデパート

四条站與五条站之間

以「Long Life Design」為標語，在日本全國各地，47個都道府縣中，都設有分店。每家分店都有它獨特的地域性，而這間京都分店，則有著800年以上的悠久歷史，並且位於仏光寺境內。

⊕ 京都市下京区高倉通仏光寺下ル新開町397本山佛光寺内 ⓖ 35.00018, 135.76264 ☎ 075-343-3217
🕐 10:00-18:00 星期三公休 🏠 www.d-department.com
Map → ③-D-4

學問的城市
書店探訪

京都是日本全國大學生占總人口比率最高的學問城市，大概也是因為如此，每到一處都能看到一家特別的書店，吸引人們的目光。我將為各位介紹，即使看不懂日文，也能自在閒逛的書店。

1. ホホホ座
ほほほざ

[哲學之路]

此處原本是「竹書房」，入口就好像會有一輛汽車突然跳出來一樣，令人印象深刻，不過現在卻換成了「ホホホ座」進駐。一樓販賣新出版的圖書，二樓則是二手書及雜貨。就算是不會日文的外國人，也有許多不具語言隔閡的書籍，能讓你邊看邊逛。店主的個人選書與相襯的雜貨搭配著陳列，眼光和巧思相當不簡單。開設於三条大橋附近的「三条大橋分店」，是與咖啡廳共同經營的書店。

⌖ 京都市左京区浄土寺馬場町71 ハイネストビル1F,2F
◉ 35.02323, 135.79278　☎ 075-741-6501　🕐 11:00-20:00
🏠 hohohoza.com　Map → ① - B - 1

2. 山崎書店
やまさきしょてん

[平安神宮]

來到山崎書店，便有機會見到魅力十足的中年紳仕－山崎先生。他在京都出生長大，對故鄉的情懷之深，他人難以望其項背，甚至還決定親自製作京都的二手書店地圖。從網頁就能看出它與眾不同的氛圍，實際到書店時，會發現這裡就像古董博物館一樣。就連在日本代表性的書街「神保町」，都不太容易找到的舊書或藝術書籍，山崎先生也會親自走遍全日本，甚至全世界去收購。因此也有很多外國人，會專程飛到京都，向他購買尋來的古書。

⌖ 京都市左京区岡崎円勝寺町91-18
◉ 35.01106, 135.7834　☎ 075-762-0249
🕐 10:00-18:00 星期一公休
🏠 www.artbooks.jp　Map → ① - C - 2

3. 京都岡崎 蔦屋書店
つたやしょてん

[平安神宮]

雖然是為了感受全新體驗而出發去旅行，但旅程的途中，偶爾也會想尋找熟悉的地方休息，每當這個時候，我便會來到蔦屋書店。它與其他蔦屋書店的分店一樣，都和星克巴咖啡一起合作經營。岡崎蔦屋書店不愧是京都的分店，店內討論和介紹京都的書籍特別多。書店後方是平安神宮，右邊則是岡崎公園寬廣平坦的綠地，如果遇到天氣好的時候，拿上一本書、一杯飲料，在公園裡悠閒度過時光，那便是人生一大樂事。

⌖ 京都市左京区岡崎最勝寺町13
◉ 35.01395, 135.78125
☎ 075-754-0008
🕐 08:00-22:00　Map → ① - C - 3

4.
マヤルカ古書店
まやるか こしょてん　〔一乗寺駅〕

個性爽朗的中村店主將喜好的物品全都收集到這裡，讓這個空間看起來就像是個玩具寶盒。而在其中最顯眼的，便是裝飾在各個角落的設計款木芥子，他們都是由匠人們一個一個手工製作的。一樓販售二手書和裝飾小物，二樓則經常舉行商品主題展。因為和惠文社一乘寺店距離很近，所以可以順道一起逛逛。

⌂ 京都市左京区一乗寺大原田町23-12
◉ 35.04179, 135.78589
🕐 11:00-18:00 星期五公休
🏠 mayaruka.com
Map → ⑤ - E - 2

5.
ミシマ社の本屋さん
みしましゃのほんやさん　〔平安神宮〕

一星期只營業一天的緣故，所以安排行程時，總是要先把星期五空下來才行。出版了很多「益田ミリ」作品的「三島邦弘」社長，也寫了一本《見招拆招社長奮鬥記》，不只翻成了韓文版，在韓國更有相當的名氣（也有中文繁體版）。他在東京和京都皆有辦公室，書局則設在京都辦公室的一樓。距離平安神宮並不算遠，如果您星期五剛好來附近觀光，就順道來看一看吧。

⌂ 京都市左京区川端通丸太町下る下堤町90-1
◉ 35.01646, 135.77283　☎ 075-746-3438
🕐 星期五營業，星期六不定期 13:00-19:00
🏠 mishimasha.com
Map → ① - C - 4

6.
京都 天狼院
きょうとてんおおかみいん　〔建仁寺〕

東京開始起步，但它的京都店卻取得了爆炸性地發展。位於辦公室附近的東京池袋店，不只嚴選符合當地風土人情的書籍，也會時不時舉辦活動，吸引顧客的目光。京都店也是如此，在京都天狼院店中，特別強調京都的特色吸引客人上門。由古老的木造町屋改造，一樓是書店，二樓則經營咖啡廳。總是在附近工作的藝妓和舞妓，也曾獲邀來此出席拍照活動。如果你坐在二樓咖啡廳的窗前，便能一眼看盡古道的風情。

⌂ 京都市東山区博多町112-5
◉ 35.00171, 135.77254
☎ 075-708-3930
🕐 10:00-22:00
Map → ① - E - 4

7.
FABULOUS
ファビュラス　〔三条通〕

三条通上聚集了許多近代建築及古物店，而FABULOUS就位於這裡一棟民宅的四樓。就在你懷疑是否真有書店的時候，沒想到居然還真的有，而且是一間客戶目標群相當明確的書店。喜歡搖滾樂和電影的書店知己秋山先生，以紅色為主基調設計室內空間，並在這裡販售他嚴選的書籍和雜貨。秋山先生對韓國電影及音樂也很有興趣，在韓國找不到的罕見資料，或許你也能在這裡找到。如果你喜歡次文化的話，就一定要過來看看。

⌂ 京都市中京区菱屋町36プラザコラムビル401　◉ 35.00846, 135.76151
☎ 075-255-6099　🕐 11:00-19:00 星期四公休　Map → ③ - D - 2

購物中心 & 藥妝店

京都乍看之下，似乎只有古樸小巧的店家。
然而了解後才知道，它可是日本第四大城市，
著名的百貨公司及大型購物商場，就位在京都駅及四条河原町。
因為群聚在一起，所以想逛街也很方便。
只不過在打包出國行李時，就要特別注意留點空間了。

TIP

在日本全境旅遊時，如果商店有貼上
「JAPAN TAX FREE」的標示，那麼只要購
買￥5,000以上商品，便可以退還10%消費
稅（部分商品適用輕減稅率，其消費稅為
8%），以￥5,000計算的話，退稅金額大
約就是￥500。但如果是百貨公司或大型商
場，也許還可以累積當天收據，再一併計算
退稅金額。若想要辦理免稅手續，請務必攜
帶護照。在歐洲辦理退稅時，稅款會在事後
退現金，或是退至信用卡帳戶，但日本大多
是直接在消費時扣掉稅款，那些夾在護照裡
的收據，只要在出國審查前，到機場海關提
示就可以了，不需要特別留行李備查。

PLUS

JR 京都 ISETAN
JR きょうと いせたん
〔京都駅〕

處於直接與京都駅相連的最佳位置，很適
合在旅程結束前，來此添購回國的伴手
禮。

🏠 京都市下京区烏丸通塩小路下ル東塩小路町電話番号
📍 34.98606, 135.75811 ☎ 075-352-1111
🕐 10:00-20:00 🏠 kyoto.wjr-isetan.co.jp
Map → ⑥ - E - 3

KYOTO AVANTI
きょうと アバンティ
〔京都駅〕

位於京都駅南方的建物。專賣動畫、遊戲
及周邊商品的安利美特（Animate）和唐
吉訶德都在此駐點。

🏠 京都市南区東九条西山王町31
📍 34.98352, 135.76018 ☎ 075-682-5031
🕐 10:00-21:00 美食街 11:00-22:00；堂吉訶德 08:00-24:00
Map → ⑥ - E - 3

大丸京都店 だいまる きょうとてん
〔四条高倉〕

1717年開業，歷史悠久的百貨
公司。

🏠 京都市下京区四条通高倉西入立売西町7
📍 35.00428, 135.762
☎ 075-211-8111 🕐 10:00-20:00
八樓美食街 11:00-20:00(最後點餐時間 19:30)
Map → ③ - D - 3

京都高島屋 きょうと タカシマヤ
〔四条河原町〕

在日本全國都有分店的高島屋
百貨京都分店。

🏠 京都市下京区四条通河原町西入真町52
📍 35.00315, 135.76821
☎ 075-211-8111 🕐 10:00-20:00
七樓美食街 11:00-21:30
Map → ③ - F - 3

マツモトキヨシ 京都三条河原町店
松本清 きょうとさんじょうかわらまちてん

三条通

松本清是在日本擁有最多分店的連鎖藥妝店。在京都也經常看到它的分店，與其他連鎖藥妝店相比，價格略高了一些。

⚲ 京都市中京区河原町通三条下る大黒町32
📍 35.00858, 135.76875 ☎ 075-253-6117
🕐 10:00-22:00　Map → ③ - F - 2

マツモトキヨシ

MINA KYOTO

MINA KYOTO ミーナ きょうと

河原町通

LOFT、UNIQLO、GODIVA、MOMA DESIGN STORE等等，都有在此設點。

⚲ 京都市中京区河原町通三条下ル大黒町58
📍 35.00779, 135.76864 🕐 11:00-21:00
七樓美食街 11:00-23:00(最後點餐時間 22:00)
Map → ③ - F - 2

京都 BAL

BAL

京都 BAL きょうと バル

河原町通

除了百貨公司之外，就屬這間購物商場看起來最高級了。THE CONRAN SHOP及無印良品，在此都有分店。

⚲ 京都市中京区河原町通三条下ル山崎町251
📍 35.00689, 135.76976 ☎ 075-253-1599
地下一、二樓的MARUZEN書店 11:00-21:00
🕐 11:00-20:00　Map → ③ - F - 2

スギ薬局

京都 高島屋

京都マルイ

阪急河原町站

京都マルイ きょうとマルイ

河原町通

比起高島屋和大丸百貨，是比較休閒的百貨公司。

⚲ 京都市下京区四条通河原町東入真町68
📍 35.00348, 135.76973
☎ 075-257-0101　🕐 10:30-20:30 地下一樓超市 08:00-22:00
Map → ③ - F - 3

スギ薬局 四条河原町店
スギやっきょく

四条河原町

果然是日本全國都有分店的スギ藥局。而這間四条河原町分店，是京都規模最大的一家。

⚲ 京都市中京区河原町通蛸薬師下る塩屋町343-1
📍 35.00512, 135.76898
☎ 075-708-7441　🕐 09:00-23:00
Map → ③ - F - 3

珍藏京都的記憶
紀念品

謝絕其他都市也買得到的常見物品！
既然都來到京都，就在京都紮下根，買一些能完整保留回憶，
並且回味無窮的物品。

UCHU WAGASHI 寺町店
ウチュウワガシ

京都御所

⊕ 京都市上京区寺町通丸太町上ル信富町307
◉ 35.01808, 135.76741 ☎ 075-754-8538
⊙ 10:00-18:00 星期一公休(適逢國定假日，則順延一日)
◉ 京都物語 ¥ 1,080
⌂ uchu-wagashi.jp
Map → ② - C - 2

抱持著「製作現在的和菓子，讓它成為
百年後的文化」的目標，一個一個手工
精心製作的和菓子，因為討喜的模樣，
而讓眼睛先享福了。UCHU WAGASHI的
和菓子，是用穀物粉加砂糖混合做成
「落雁」。材料使用了滿滿四國生產的
高級砂糖，以及三盆糖。入口時雖然會
覺得很甜，但卻不需咀嚼，慢慢在舌頭
上融化，然後化成柔順的甜味。京都塔
的一樓也有分店。

PETIT Á PETIT
プティ・タ・プティ

京都市役所

法語的「PETIT A PETIT」，是英語「little by little」，中文「一
點點，慢慢來」之義。將紙上繪製的圖案，轉印至織品上，交
由不同的手工匠人，一個個手工製成產品，果然是名符其實的
「一點點，慢慢來」。雖然店裡商品有很多花樣，但其中最歡
迎的自然是代表京都當地群山的「Les Montagnes」系列。

⊕ 京都市中京区寺町通夷川上ル藤木町32 ◉ 35.01491, 135.7674 ☎ 075-746-5921
⊙ 10:30-18:30 星期四公休 ◉ 杯墊¥615；手帕¥1,782
⌂ petit-a-petit.jp Map → ② - C - 2

京東都 本店
きょうとうと

清水寺

店名包含兩個城市名，分別是代表日本傳統文化的京都，以及
象徵日本現代化的城市東京。也有將在京都發現的刺繡製品，
將它帶至東京販售，終究能讓全世界都看見日本之美的雄心壯
志。本店的面積雖然不算大，但因為商品原本就小，因此還是
展示了非常多種類的商品。光是繡片的圖案，就有數百種之
多，大小甚至比初生寶寶的手掌還小的繡片，展現了京都傳統
的刺繡工藝技術，如果挑中喜歡的圖案，店裡還提供製作成戒
指或耳環等首飾的服務。

⊕ 京都市東山区星野町 93-28
◉ 34.99854, 135.77814
☎ 075-531-3155
⊙ 11:00-18:00
◉ 繡片¥410-
⌂ kyototo.jp
Map → ① - E - 3

よーじや 本店

四条河原町

只要提到京都的伴手禮，便少不了よーじや的吸油面紙。從1904年開業之後，直到1920年才開始販賣吸油面紙。剛開始做成了覆蓋整個臉部的大小，但經過反覆的改良後，逐漸成了今天這個大小及形狀。因為包裝上的舞妓像及藝妓像，開始受到顧客的喜愛，在口耳相傳下，變成了今日無論任何人來京都，一定會造訪的地方。到了這種程度，通常也開始展店至全日本了，但目前除了京都和機場免稅店之外，只有大阪一家分店而已。這樣一步一腳印的態度，反而使它成為京都化妝品代名詞的地位更加穩固。

⌂ 京都市中京区新京極花遊小路
☎ 075-221-4626 ⏰ 11:00-19:00
▤ 吸油面紙5包組￥1,810
🏠 www.yojiya.co.jp Map → ③－E－3

竹笹堂
たけざさどう

烏丸駅

由1891年的木版印刷工坊開始起家，現在業務則包括原創工藝品及木版檢修復原、木版畫工坊等，只要是木版印刷相關的，事無大小全都有涉獵。與公司的規模相比，賣場的空間顯得小巧許多，卻也擺滿了各式產品。說到木版印刷，從簡單地印到紙上，直到應用到包包等各種不同用品上，應有盡有。在季節轉換時，或是京都的大型活動，如祇園祭時，都會出產應景的商品。

⌂ 京都市下京区綾小路通西洞院東入ル新釜座町737
⊚ 35.00292, 135.75569
☎ 075-353-8585
⏰ 11:00-18:00 星期日及國定假日公休
▤ 明信片￥378 🏠 takezasa.co.jp
Map → ②－B－3

THE SOUVENIR STORE® 御幸町店
ザ・スーベニア ストア

寺町通商店街

如果你以為京都只有那種古典紀念品的話，那你就可就錯了。在MUSEUM OF KYOTO GOKOMACHI販賣著類似於「I ❤ NY」系列的紀念商品。舉凡T恤、手機殼、環保袋、帽子等等，產品上全都印上了KYOTO的字母。

⌂ 京都市中京区御幸町六角下ル伊勢屋町348
⊚ 35.00678, 135.76626
☎ 075-251-0704
⏰ 11:00-20:00
▤ KYOTO CITY環保袋￥1,080
🏠 tshirt.kyoto
Map → ③－E－2

裏具
うらぐ

建仁寺

⌂ 京都市東山区宮川筋4丁目297
⊚ 35.00005, 135.77125
☎ 075-551-1357
⏰ 12:00-18:00 星期一公休
（適逢國定假日，則順延一日）
▤ 記事本￥378 🏠 uragu.com
Map → ①－E－4

每到了年末及年初，為了寄出手寫信、明信片，或是包禮金，日本人會開始尋找特別的紙封套，因此紙製品在日本非常受歡迎。2006年開始，裏具在建仁寺附近的小巷中，由一間小茶館改建而成。現在則在清水寺附近，以及京都國立博物館附近，都有它的分店。店內所有的產品，都是裏具的原創設計。最受歡迎的便是寬3.8公分，長7.5公分的小記事本。除了紙製品，也有販售手帕及陶瓷。

ばんてら

寺町通商店街

ばんてら裡展示著許多木製品，尤其是相當多的竹製品。從幾萬日元的竹籃，到幾百日元的小磁鐵和書籤，應有盡有。每一樣製品，都只擺了獨一無二的一個。在賣場最內側的榻榻米房間，則是展示了這些產品，應用在生活中的樣貌。

⌂ 京都市中京区御幸町通錦小路上る船屋町373-3
セザール御幸町1F
☎ 075-223-3883 ⏰ 11:30-18:30
▤ 書籤￥320
Map → ③－E－2

將京都的足跡帶回家
—

「PERFECT WHIP洗顏專科」打包，「休足時間」也打包，再加上蒟蒻果凍和CALBEE法式起司薯泥等等，
將行李箱裝得滿滿的。
心裡卻覺得不太對勁，空虛得很。與其置辦這些全日本都買得到的物品。
倒不如買一些京都獨有，充滿濃濃京都味的物品更好。
如此一來回國後，也能長久留下回憶。

京都的味道

INODAイノダコーヒ咖啡濾掛包 ￥720
將最著名的招牌咖啡「阿拉伯的珍珠」，
做成在家也可以輕鬆享用的濾掛包。

辻利兵衛本店 京都宇治本店 抹茶粉 ￥540
我敢保證，它比專賣店買的抹茶粉美味數萬倍。

加加阿365 茶菓 ￥680
祇園店獨有的可愛包裝。濃郁抹茶與白巧克力的
組合，香甜在嘴中久久不散。

**辻利兵衛本店 京都宇治本店 京玉露茶包
￥540**
這是我所喝過最美味的綠茶茶包。

SUNTORY蒸餾所 響 17年 袖珍瓶與巧克力￥1,811
近年價格漲個不停的響17年威士忌與可愛包裝的
山崎蒸餾所限定巧克力。

加加阿365巧克力 ￥972
當然不能錯過祇園店限定的每日巧克力。若想1年
365天都收集到的話，應該得在京都住下來吧？

神社與寺廟

三千院 香包 ￥972
清新樹林芬多精的香包。

金閣寺 誕生花 御守 ￥600
既不是誕生石，也不是星座，而是誕生花。
7月的誕生花百合，花語是純真、純潔的愛。

三十三間堂的手機吊飾 ￥600
近來誰還會將手機掛上吊飾走動呢？但一看到
這可愛小沙彌的笑容，就沒辦法錯過。

京東都 晴天娃娃手帕 ￥918
如果你在旅行時的天氣運不好，別忘了帶上
這條晴天娃娃手帕。

裏具 記事本 ￥378
不是用手機，而是記錄在紙上的回憶，
似乎能留得更長久。

裏具 書籤 ￥324
對喜歡同時讀好幾本書的我而言，這是不可少的
實用小物。

Petit A petit杯墊 ￥923
以包圍京都的群山作發想，
製作出的Les Montagnes系列。

YOJIYA（よーじや）吸油面紙 ￥594
我用過最好用的吸油面紙。

TAIMUDO便條紙 ￥450
用顏色來記憶的京都。那便是開在大田神社的
鳶尾花深紫色。

竹笹堂 貓咪手帕 ￥1,080
每次使用都會使心情變好的貓咪圖案手帕。

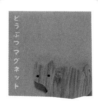

ぱんてら 貓咪磁鐵 ￥540
相對稱的貓咪，雖然是磁鐵，
但直接放在書桌上也很療癒。

天滿宮古董市集的貓咪娃娃 ￥1,250
《Hello, my cat》中的傷感，至少用它來緩解一些吧。

若葉屋 貓咪筷架 ￥1,080
從高山先生叔父的作品中挑選出來的。

ぱんてら 貓咪書籤 ￥324
果然是符合喜好的貓咪書籤。

pontaneous form

PLACE TO STAY

京都並非只是為了去大阪，順道來此一日遊的城市，
必須花點時間慢慢走走逛逛才能體會到它的真實魅力。
接下來要為各位介紹，來此暫時棲身的住宿選擇。

京都住宿

CHECK! 推薦給您的住宿點

在此介紹的住宿點，是我不惜每日如同急行軍一般，頻頻更換住宿地點，在住了五十多處之後，嚴選之下得出的結果。

其中至關重要的，除了清潔還是清潔。再來才是地理位置，最後則才考慮價格區間。

選擇住宿 A TO Z

STEP 1
預算該怎麼抓？

雖然對「便宜」的定義因人而異，然而京都普遍來説，並不是住宿費低廉的城市。HOSTEL、GUEST HOUSE的單人房大約￥2,500-3,500上下。以商務旅館及高級飯店而言，和日本其他都市相比並不算貴。商務旅館與Design Hotel大約是￥5,000~10,000上下。高級酒店則在￥30,000以上。在櫻花季或賞楓季時，價格也會稍微提升。

STEP 2
地理位置哪裡優？

因為市區不大且市巴士路線四通八達，因此比起其他城市，住宿地點的選擇比較不困難。交通樞紐重地是京都駅及四条河原町附近，其周遭有很多營業至深夜的酒館及餐飲店。而金閣寺與銀閣寺所在的北部區域，原本就是觀光客經常造訪之處，雖然交通方面沒那麼便利，但從市中心過來的移動時間，也必須通盤考慮。

STEP 3
與我的旅行風格相符的住宿是？

即使同樣選擇了與人合住的HOSTEL多人房，也會有些HOSTEL直到夜晚還在歡聚，住客們大聲談笑；但有的HOSTEL則是連隔壁睡什麼人都不知道的安靜，各不相干。飯店和民宿的氣氛各異其趣，如果預算和地理位置確定了，就要仔細地閱覽預約住宿網站及google評分的住客留言，確實掌握住宿的風格。

「町屋」到底是什麼？

「町家、町屋」是結合營業場所的日式傳統木造家屋。京都除了歷史悠久的神社及寺廟，也保留許多市民曾居住過的町屋。它們又被稱為「京町屋」。由於住在古老町屋內的市民陸續離世，使它們逐漸成為空屋，容易造成治安的隱患，京都市政府便積極地鼓勵市民活用町屋。於是近年來，町屋改造成咖啡廳，或是住宿點等等的案例也越來越多。比起鋼筋水泥，這種具有溫度的古早味木造建築、舊鍋、老井及庭園等，既保留傳統味道，也結合營業設施的町屋，非常受到觀光客的歡迎。

✖ 惟獨這裡NO！

近來積極擴張的連鎖旅館APA HOTEL，光是在京都境內，就有京都駅前、祇園等交通樞紐處的分館，住宿費比商務旅館更貴一些，而且有某些極右人士及企業會長等，在客房中放置了包括慰安婦問題在內，各種扭曲歷史的書籍資料，令人反感。更何況實際的住宿體驗滿意度不高，以日本飯店標準來説，實在是難以想像的雜亂無章。京都是日本具代表性的觀光都市，住宿資源相當充足。如果因為地點方便及費用低廉等原因，您將其列入考慮清單中，何不多做點功課，改選其他的飯店？

Hotel ─────────────────────────────── 高級飯店

1

HOTEL KANRA KYOTO
ホテルカンラきょうと

從東本願寺徒步1分鐘，可以看到京都塔及京都駅的位置，是2016年10月翻修改裝重新開幕的飯店。全部客房都是以「京町家」為主而設計的。讓您雖然身在飯店內，卻能感受到京都的風情。從客房的鑰匙開始，直到各式備品、餐廳的水杯等，全都是使用匠人打造的精品，也可以在一樓的大廳商店內購買到。一樓有SPA，地下一、二樓也有日式及義大利餐廳。

🚶 京都市下京区烏丸六条下る北町190
→ 京都駅中央出口出來，沿著烏丸通的標示徒步15分鐘；
市巴士5、26、73烏丸六条站下車，徒步1分鐘；
地下鐵烏丸線五条駅8號出口徒步2分鐘
☎ 075-344-3815　￥3萬以上　🏠 hotelkanra.jp　Map → ② - B - 4

2

THE RITZ-CARLTON KYOTO
ザ・リッツ・カールトンきょうと

可以一眼俯瞰鴨川，從平安神宮及鬧區河原町，皆是徒步可至的地理位置。2014年2月開幕的京都麗思卡爾頓飯店，雖然是全世界都有分店的的麗思卡爾頓，但京都的分店，卻完美融入了當地。從毫不張揚的質樸門面進入後，便感受到潺潺水流聲與風吹勁竹的風聲，這是在市中心的嘈雜喧鬧中，讓耳朵稍微回歸了寧靜安詳之處。從二樓到五樓，一共134個客房中，超過半數都有面向鴨川的對外窗，透過大型的窗戶，不只看能鴨川，更能觀賞到東山四季變幻的美景。從浴室牆面至浴缸，佈滿了撒落的櫻花立雕，以及盛裝備品的盒子，一個一個都能讓人感受到其細微、體貼的京都情懷。包含客房內懸掛的畫作，一共有80多名藝術家參與繪製而成的400多幅傑作，正掛在飯店四處，供住客欣賞，若您是喜好藝術的風雅人士，肯定會覺得如入大觀園般，一點也不無聊。京都麗思卡爾頓飯店的另一項優點，便是各式各樣的體驗項目，從和服體驗、和菓子製作等其他地方也能體驗到項目，一直到客房內使用的石鹼屋肥皂製作、盆栽製作、日本武士體驗、日式傳統雨傘製作等，多達20多種的體驗項目。一樓有餐廳，地下一樓有SPA及泳池、健身中心。

🚶 京都市中京区鴨川二条大橋畔 → 市巴士4、5、17、205號「河原町三条」站下車徒步7分鐘；地下鐵東西線「京都市役所前駅」2號出口，徒步5分鐘。
☎ 075-746-5555　￥6萬以上　🏠 ritzcarlton.com/en/hotels/japan/kyoto　Map → ② - C - 2

京都與巴黎的交會，京都麗思卡爾頓飯店的下午茶

在京都麗思卡爾頓飯店的一樓，有甜點主廚Pierre Herme的甜點櫃，只要去過巴黎，每個人肯定都要去朝聖的Pierre Herme馬卡龍。雖然甜點櫃也提供外帶的服務，但既然已經到了這裡，何不去一樓大廳享用下午茶呢？說實話，雖然我並不認為，京都麗思卡爾頓飯店是京都最高貴的住宿地點，但它的下午茶，對平日忙於工作的我，卻如同一份小小的禮物。從英國開始發跡的下午茶文化，在亞洲則是由香港這個英國長期殖民統治的地方發揚光大。然而日本不愧是具有久遠茶道文化的國家，在京都啜飲著午後紅茶，一點也不覺得彆扭。京都麗思卡爾頓飯店提供的下午茶，包含每日更換的Pierre Herme著名馬卡龍及ISPAHAN玫瑰荔枝甜點，一直到司康、三明治，以及兩種飲品，當然飲品可供您自行選擇，平日￥4882，假日￥5492的價格，雖然不算親民，但以菜單中每種茶品￥1620的價格來看，其實算不上貴。加上它行雲流水般，自然又舒適的服務品質，偶爾來到此處，奢侈一下又何妨？

🕐 可預約的時間 11:00（週末 12:00）-17:00

1

HOTEL ANTEROOM KYOTO
ホテル アンテルームきょうと

當投宿旅客一進入HOTEL ANTEROOM KYOTE內，看到的不是接待櫃台，而是稱為「Gallery 9.5」的展示空間。這是以「365日的藝術博覽會」為主題，2016年7月重新裝修開幕的旅館。普通客房簡約樸實，沒有多餘贅物，甚至有幾間空房，是由藝術家擔任總體設計的。雖然不是商務旅館，卻備有許多單人房，讓單獨旅行的旅客，也可以沒有價格負擔，輕鬆入住。

🚶 京都市南区東九条明田町7 → 京都駅八条出口出來，沿著烏丸通徒步17分鐘；地下鐵烏丸線九条駅4號出口徒步5分鐘　☎ 075-681-5656　￥4,500 以上　🌐 hotel-anteroom.com　**Map** → ⑥ - E - 4

2

KYOTO ART HOSTEL KUMAGUSUKU
きょうとアートホステルクマグスク

若説它本身就是一個巨大藝術品，這間KYOTO ART HOUSTEL KUMAGUSUKU當之無愧。由專攻雕刻的社長，在2012年以「可以居住的藝術空間KUMAGUSUKU企劃」開始，並於2015年1月在現址正式開幕。一樓有接待櫃台、共用浴室廚房及庭院，二樓則有四間客房。在旅館內也會不定期開設藝術展覽，在展覽期間，整間旅館的風格也會跟著展覽主題而全面改裝。它不只是擺放展品，而是讓旅客在投宿期間，全身心都沉浸到藝術的氛圍中。住宿費依客房類型不同，與空房率及季節無關，全年價格不變。

🚶 京都市中京区壬生馬場町37-3 → 市巴士206「壬生操車場前（みぶ操車場前）」站下車徒步1分鐘；阪急京都線「大宮駅」5號出口徒步5分鐘　☎ 075-432-8168　￥7,560 以上　🌐 kumagusuku.info　**Map** → ② - B - 3

3

鹿麓
ろくろく

距離銀閣寺15分鐘，哲學之道不過2分鐘，便利與日本傳統兼容並著，是一個型態有點特別的旅館。客房距離大馬路較近，是現代式建築叫「宿」。接待櫃台則是距離5分鐘的傳統家屋，稱為「席」。抵達「宿」時，如果房門深鎖，請不必驚慌，只需使用內線聯絡，在「席」裡面的親切主人大叔，就會立刻前來。男女多人房各一個，剩下的全是單人房。住宿費與室房率及季節無關，全年相同。

🚶 京都市左京区鹿ヶ谷寺ノ前町61 市巴士5、32、93、203、204「真如堂前」站下車3分鐘　📍 35.02006, 135.79218　☎ 075-771-6969　多人房 ￥2,500；TWIN ROOM ￥8,600　🏠 rokuroku.kyoto.jp　**Map** → ① - B - 1

4

ホテル法華クラブ京都
ホテルほっけクラブきょうと

若是隔天要搭很早的班車，或是深夜才抵達京都駅的旅客，這間HOTEL法華CLUB京都，就是你最好的選擇。旅館一樓是1952年開業的老店小川珈琲，二樓則是接待櫃台。在櫃台旁邊則放有自己設計京都行程的導覽小冊，關於京都的書籍也有數十本。如同一般日本住宿，客房有點小卻十分乾淨。

🚶 京都市下京区京都駅烏丸中央口正面 → 從京都駅徒步只需2分鐘　☎ 075-361-1251　￥8,000 以上　🌐 www.hokke.co.jp/kyoto　**Map** → ② - B - 4

Ryokan —————————————————— 日式旅館 —————

1

京旅籠むげん
きょうはたごむげん

由年輕夫妻一起甜甜蜜蜜經營的雅緻日式旅館。改造自1855年落成的傳統町屋。在町屋之中，也算是規模挺大的一間。不只有中庭，甚至有一間老倉庫。雖然舖上炕頭是極大的工程，卻忠實呈現了傳統町屋的特有個性。一樓有兩間客房，二樓則有三間，每間客房都能均勻接受日照。旅館腹地大，雖然可以改造成更多的客房，但卻修正為只剩五間，是因為只有這樣的規模，才能為每一位投宿的客人，提供更細緻獨到的服務，所以作了如此決定。在CHECK-IN的時候，會介紹提供早餐及用作休憩的公共空間，也會提供當季的茶飲以及和菓子。在公共空間中，還有一口始終盡忠職守的老爐灶，每天到了早餐時刻，就會讓它蒸飯的香氣充斥整個空間。在走過精心照顧的庭院時，

⊕ 京都市上京区黒門通上長者町下ル北小大門町548-1
→ 市巴士9、12、50、67「堀川下長者町」站下車3分鐘
☎ 075-366-3206 ◉ Double Room ￥27,600起
⌂ kyoto-machiya-ryokan.com **Map →** ② - B - 2

那間老倉庫便會出現在眼前，現在則是為了投宿客人而設的酒吧。小小的吧台備有各式酒水，不輸給一般的酒館。如果從京旅籠的網頁內訂房，入住時還會特別提供一杯免費的酒水。包含客房在內，旅館內每一處擺放的裝飾品，全都是匠人的心血結晶，甚至連洗臉台，也是選用京都的代表性瓷器－清水燒。如果有喜歡的裝飾品，也歡迎向主人夫婦洽詢購買。它既是個製作及販售飾品的空間，也是讓當地人輕鬆聊天，外地人發現新面貌的場所。

1 GUESTHOUSE KYOTO COMPASS
たびびとがつくるゲストハウス

京都最棒的町屋民宿。由在飯店工作數十年的民宿主人所經營,在她體貼且細心接待下,讓您即使身在海外,也有恍如在家的舒適及自在感。一樓的客廳總是笑語聲不斷,特別推薦給想結交新朋友,或是想將京都當作家的旅客們。徒步5分鐘的距離外,有一間規模相當大的超市,市區小超市中買不到的各式食品及用品,也能在此找到,而且民宿提供早餐。

🏠 京都市下京区西七条市部町115 → 市巴士33、205、208號「七条御前通」站下車,徒步2分鐘
☎ 075-204-3250 🛏 多人室 ￥3,500 🏠 compass-kyoto.jp Map → ② - A - 4

2 GUESTHOUSE KIOTO木音
きょうとゲストハウスきおん

距離北野天滿宮5分鐘,連接到北野天滿宮的上七軒區域,祇園、先斗町等一起,就是京都代表性的花街。本館及分館緊鄰,在改造町屋時,並未借他人之手,就連一個小小的水龍頭,也是和員工一起安裝的。全新建成的別館氣氛較安靜,本館因為是公共空間,經常活力滿滿地開著派對。

🏠 京都市上京区溝前町100
→ 市巴士51、59、101、102、201、203號「千本今出川」站下車,徒步3分鐘
☎ 075-366-3780 🛏 多人室 ￥2,700- 🏠 kioto-kyoto.com
Map → ② - A - 1

3 GUESTHOUSE KOIYA鯉屋
ゲストハウスこいや

雖然距離京都駅及市中心有點遠,但它位於金閣寺、下鴨神社等京都北部便於遊覽的西陣區域。無論是營業到深夜的餐廳或酒吧,以及規模小卻極負盛名的咖啡廳,這裡都有,再稍微向南一點點,就是京都御所附近,因此出遊也不會感到不便。沒有多人房,只有單人房、雙人房及三人房各兩間。提供早餐。

🏠 京都市上京区天神北町29-1
→ 市巴士9、12、67號「堀川鞍馬口」站下車,徒步3分鐘
☎ 075-366-8940 🏠 koiya-kyoto.com
Map → ② - B - 1

4 OKI'S INN 沖のまちやど
ゲストハウス おきのまちやど

這間民宿是由總是穿和服的年輕夫婦巧手打造的,附近有祇園、平安神宮、南禪寺等,地點在京都東部適合旅遊的位置。巴士的班次很頻繁,距離地下鐵及急阪電鐵的車站也很近,在交通上十分便利。走到Beer Komachi(P.057)只需30秒。備有女性專用多人房一間,以及雙人房三間。

🏠 京都市東山区古川町542-2
→ 市巴士100、206號「東山三条」站下車,徒步3分鐘;地下鐵東西線「東山駅」2號出口,徒步2分鐘。
☎ 075-203-5041 🛏 多人室 ￥2,500 🏠 okimachi.com
Map → ① - D - 3

Hostel

青年旅舍

以「可以住宿的書店」概念而開設的「BOOK & BED TOKYO」。它的京都店也在2016年12月，於祇園正式開幕。

PIECE HOSTEL SANJO
ピースホステルさんじょう

原址是旅館，後來變身成為青年旅舍。也是近幾年間，京都陸續出現的青年旅舍中，最受旅客歡迎的一家。因為地處市中心，搭乘市巴士、阪急電鐵、地下鐵都很便利，在青年旅舍中，難得有住宿費已含早餐的，而且毛巾與枕頭、拖鞋等個人用品，都可以自由地取用。地下一樓有二十多間浴室，設有付費洗衣機與烘衣機，因為有數十名員工負責打掃，因此總是保持地很乾淨。在多人室中有提供可設置密碼的保管箱。

⊙ 京都市中京区富小路通三条下る朝倉町531
→ 市巴士4、17、104、205號「河原町三条」站下車，徒步5分鐘
☎ 075-746-3688　✑ ￥2,900 以上　🏠 piecehostel.com　**Map** → ③ - E - 2

コミカプ 京都新京極店
COMICAPきょうとしんきょうごくてん

結合了漫畫店與青年旅舍。數千本以上的漫畫，一本本藏在臥床旁邊。這裡不只是住宿設施，也是一間普通的漫畫店，只來這裡洗漱也完全沒問題。從睡衣到乳液等，過夜所需的備品全都有，空手即可自由入住。接待處24小時營業，正是它的優點。

⊙ 京都市中京区新京極蛸薬師下る東側町525-1-4 F　→ 市巴士4、5、17、205號「河原町三条」站下車，徒步5分鐘；阪急京都線「河原町駅」下車，徒步5分鐘
☎ 075-254-7330　✑ ￥2,980 以上　🏠 comicap.co.jp **Map** → ③ - E - 3

PLUS +　與COMICAP相似的住宿

はくまれるほんや BOOK AND BED TOKYO KYOTO
⊙ 京都市東山区中之町西入ル200カモガワビル9F
🏠 bookandbedtokyo.com/kr

WEBASE 京都
ウェバセ きょうと

WeBase京都是充滿藝術氣息的青年旅社。儘管離四條河原町有點遠，但它靠近四條站和烏丸站，交通非常方便。雖然主打青年旅館的形象，但也有個人套房或雅房可以選擇，所有住宿皆包含號稱「京都的巴黎早餐」的餐點。4樓還設有女生宿舍房專用的寬敞化妝室，很貼心。

⊙ 京都市下京区岩戸山町436-1
→ 地下鐵烏丸線「四条駅」下車，徒步5分鐘；地下鐵東西線、京阪本線「烏丸駅」下車，徒步7分鐘　☎ 075-353-7555
✑ ￥2,800 以上　🏠 http://we-base.jp **Map** → ③ - B - 3

しづや KYOTO
しづや きょうと

位於京都駅附近，想安靜休息的話來這裡正好。區分為接待櫃台與客房所處的「母屋」，以及客房及公用廚房的「離れ」兩棟建築。母屋只接待女性投宿者。旁邊就是「Asipai咖哩」以及「Hibi Coffee」。

⊙ 京都市下京区七条通河原町東入材木町460　→ 京都駅中央出口出來，徒步約10分鐘；市巴士4、17、205號「七条河原町」站下車，徒步1分鐘
☎ 075-351-2726　✑ ￥2,800 以上　🏠 shizuya-kyoto.com **Map** → ② - C - 4

PLUS +　離京都駅很近的青年旅舍

ピースホステル PIECE HOSTEL KYOTO
⊙ 京都市南区東九条東山王町21-1　🏠 piecehostel.com

ザ ロウワー イースト ナインホステル THE LOWER EAST NINE HOSTEL
⊙ 京都市南区東九条南烏丸町32　🏠 lowereastnine.com

THE MILLENNIALS KYOTO
ザ・ミレニアルズきょうと

位於河原町的中心，於2017年7月開幕的青年旅舍。多人室裡全是一層的床架，可以調整角度，在沙發與床舖間自由變化。床的下方有滑台，可以擺放大型行李箱，放下拉簾並上鎖後，便是一個單人房的空間。接待櫃台位於八樓，廚房與公共空間相連，擺放著許多巴慕達（BALMUDA）小家電供住客使用。因為要用iPod來調整床的角度以及充當客房鑰匙，因此要小心別遺失了。

⊙ 京都市中京区山崎町235　→ 市巴士4、5、17、205號「河原町三条」站下車，徒步1分鐘；地下鐵東西線、京阪本線「三条駅」下車，徒步5分鐘；阪急京都線「河原町」駅下車，徒步7分鐘　✑ ￥2,800 以上　🏠 themillennials.jp **Map** → ③ - F - 2

BIRD HOSTEL
バードホステル

相較於京都市區，這間青年旅舍的位置較北方。但距離京都御所也只需徒步2分鐘。一樓有接待櫃台與咖啡廳，公共廚房。毛巾與拖鞋可以自由取用。臥床旁有小型保險箱，也有收納行李箱及大型行李的專用鎖頭。

⊙ 京都市中京区丸太町通丸太西入ル常真横町190-1
→ 地下鐵烏丸線「丸太町駅」2號出口出來，徒步1分鐘
☎ 075-744-1875
✑ ￥2,800 以上
🏠 birdhostel.com
Map → ② - B - 2

在大原，某個人的日常，與我的旅程交錯，
渾然天成地化作一體，
時間也在此時緩慢流逝著。

伏見 Ⓟ >120

鴨川、桂川、宇治川匯流，
讓伏見有了礦物質豐富的地下水資源，
也將它打造成日本代表性清酒的生產地。

Attractive Suburbs

京都近郊旅遊

宇治／大原／伏見／大山崎

— × —

宇治 Ｐ >116

宇治和靜岡同為日本首屈一指
的抹茶故鄉。
來嚐一嚐甜美的抹茶甜點吧。

如果對喧囂的京都市區感到厭倦，
不如將身體交給奔馳不停的列車及巴士。
抹茶的宇治、清酒的伏見……這些看起來相似，卻各異其趣、緊
密凝聚的小村莊。
來此感受一下大城市沒有的新鮮體驗。

京　都　近　郊　旅　行

01 宇　治 うじ ×

三室戶寺

宇治橋 ④
③ 宇治上神社

① ② ⑤ ⑥ ⑦

平等院

從市區到宇治的方法

由京都駅出發
搭乘JR京都駅第8、9、10號月台出發的奈良線電車，便可以直達JR宇治站。車資￥240。

由河原町出發
從祇園四条駅搭乘京阪本線電車，在中書島駅換乘京阪宇治線，一路坐到終點即可。車資￥310。

抹茶之鄉

來到京都市區的抹茶專賣店，肯定能看到這樣的句子「本店使用宇治產抹茶」。在抹茶上與靜岡齊名的，正是位於京都南方的宇治市。在吃過抹茶製作的香濃甜點後，不妨到極樂淨土的平等院，以及日本最古老的神寺——宇治上神社來走走，你會發現一天的時間轉瞬即逝。

嚐嚐日本最棒的抹茶吧！

① 辻利兵衛本店 京都宇治本店 つじとしべえほんてん

在四處都是抹茶專賣店的宇治裡，最推薦的地方便是這裡！從1860年開業以來，已經傳承到第六代手中。原本用來挑茶葉的古老木屋，改建成古色古香的咖啡廳。除了基本的抹茶巴菲與抹茶蛋糕、抹茶布丁之外，還有各式各樣的抹茶甜點，價格雖然有點貴，卻也是真材實料的。它的優點是替你沏好不同品種的茶葉，讓你在景色優美的宇治川岸邊，稍微向西方斜躺，便能歲月靜好地吟味抹茶的精髓。

🏠 宇治市宇治若森41　📍 34.88948, 135.79766　☎ 0774-29-9021
🕙 10:00-18:00(最後點餐時間 17:00)　💰 抹茶巴菲 ￥900～　🏠 tsujirihei.co.jp　Map → ⑦-A-2

② 辻利宇治本店 つじとしうじほんてん

1860年開業。與辻利兵衛本店共同創業後，到了第二代便分道揚鑣。本店位於JR宇治駅附近，店內空間不大，但每個桌子都能看到庭院的景觀。與其他抹茶專門店不同的是，這裡只提供飲用的抹茶，點了抹茶之後，也會一同附上店內自製的甜點「最中」。

🏠 宇治市宇治妙楽156　📍 34.89033, 135.8027
🕙 販賣部 10:00-18:00；咖啡廳 11:00-17:00(最後點餐時間 16:30) 3月至11月星期三公休；12月至2月星期二、三公休　💰 玉露茶 ￥864
🏠 http://www.kataoka.com/tsujiri-ujihonten　Map → ⑦-A-2

宇治橋 うじばし

橫亙宇治川的橋樑，它與滋賀縣的「瀨田の唐橋」及大山崎的「山崎橋」，並稱為日本最古老的三大橋樑。也曾在《古今和歌集》、《源氏物語》等文學作品中登場過。在橋樑西邊立有《源氏物語》作者－紫式部的石像。

Map→⑦-B-2

宇治上神社 うじがみじんじゃ

「宇治上神社」的歷史悠久，很多資料太過古老無法考究，但已被證實為日本最古老神社。平安時代後期所建造的「本殿」，是現存最古老的神社建築；而「拜殿」則是鎌倉時代的產物。兩個建築皆是國家指定的國寶。

🏠 京都府宇治市宇治山田59 ⑨ 34.89206, 135.81143
☎ 0774-21-4634 ⑨ 09:00-16:30 ⑨ 免費
Map→⑦-B-2

三室戶寺 みむろとじ

占地16萬平方公尺以上的庭院，每個季節都有不同的花種盛開，因此三室戶寺也被稱為「花的寺廟」。雖然它何時及因何而建都已無從考證，也沒有恢宏的建築，但光憑這些鮮花，就很值得遊客造訪。6月中旬水菊開花時，是一年中最美麗的時刻。

🏠 宇治市菟道滋賀谷21 ⑨ 34.90047, 135.81919
☎ 0774-21-2067 ⑨ 08:30-16:30(11月-3月 16:00) 12月29、30、31日公休 ⑨ 成人￥500
🏠 www.mimurotoji.com Map→⑦-C-1

平等院 びょうどういん

這裡是「藤原道長」所建立的別墅，再於1052年由其兒子「賴通」改建而成。平等院最著名的景點，便是建於「阿字池」中央小島上的「鳳凰堂」。在鳳凰堂中，安置了一尊由平安時代道行最高深的著名佛像雕刻師「定朝」所打造，高達2.43公尺的「阿彌陀如來坐像」。透如水鏡的池子，映照出的鳳凰堂倒影，就如同古人所深信的極樂淨土一樣，美不勝收。鳳凰堂是能一窺平安時代文化的代表性建築，從它被雕刻在10元硬幣上就知道，它的地位有多重要了。

🏠 宇治市宇治蓮華116 ⑨ 34.88929, 135.80767 ☎ 0774-21-2861 ⑨ 08:30-17:30
⑨ 境內博物館 09:00-17:00；鳳凰堂內部參觀 09:10-16:10
⑨ 成人￥600；中學生￥400；小學生￥300；鳳凰堂內部參觀另加￥300 🏠 byodoin.or.jp Map→⑦-B-2

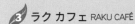**③ ラク カフェ RAKU CAFÉ**

位於宇治川東邊的安靜咖啡廳。在來回參觀三室戶寺和平等院時，進來這裡休憩片刻吧。店內使用當地新鮮食材的製作的午間套餐ロコモコ(rokomoro，夏威夷料理)，是非常吸睛的餐點。

🏠 宇治市宇治又振65 ⑨ 34.89198, 135.80864 ☎ 0774-66-7070 ⑨ 09:00-日落時分
⑨ 原味咖哩￥1,080 🏠 raku-u.com Map→⑦-B-2

④ 通圓 つうえん

京阪宇治駅對面的宇治橋下，是這間老店的起點，時間甚至可回溯至1160年，一開始是服務守橋將士及橋上來往行人的茶舖，甚至還留有豐臣秀吉和德川家康造訪過的記錄。與其他抹茶專門店相比，這裡的價格較實惠便宜。

🏠 宇治市宇治東內1 ⑨ 34.89328, 135.80726 ☎ 0774-21-2243
⑨ 09:30-17:30 ⑨ 霜淇淋￥350 🏠 tsuentea.com Map→⑦-B-2

**⑤ 中村藤吉本店 なかむらとうきちほんてん**

在開店前就大排長龍的人氣抹茶專門店，有時甚至得等2小時以上。1854年開業，位於宇治駅附近的本店，將明治時代當時的全貌完整保留下來，因此也被指定為「宇治文化景觀」。招牌甜點是裝在竹筒裡的抹茶果凍霜淇淋。在販賣部也可選購以塑膠杯盛裝的外帶甜點。

🏠 宇治市宇治壹番10 ⑨ 34.88942, 135.80172 ☎ 0774-22-7800
⑨ 10:00-18:00(最後點餐時間 17:00) ⑨ 生茶果凍￥740；外帶生茶果凍￥390
🏠 tokichi.jp Map→⑦-A-2

⑥ 中村藤吉平等院店 なかむらとうきちびょうどういんてん

從京阪宇治駅出來，往平等院方向走，就能看到這一間，由江戶時代的旅館改建而成的中村藤吉平等院店，可以從此處向下俯看清涼的宇治川江水。與本店相同，排隊是必然的，除店內與販賣部之外，還有獨立販賣的外帶霜淇淋。霜淇淋裝在餅乾杯中，上面點綴著蜜紅豆以及白玉。

🏠 宇治市宇治蓮華5-1 ⑨ 34.89144, 135.80635 ☎ 0774-22-9500
⑨ 10:30-17:00(週末到 17:30，最後點餐時間 16:30) ⑨ 霜淇淋￥450
🏠 tokichi.jp Map→⑦-B-2

1
02

大原

おおはら

從市區到大原的方法

在京都站搭乘17號巴士
（以四条河原町為例），
直接到終點站下車。車資
為￥550。即使有一日乘車
券，但因為超過均日車資
￥230的緣故，也會產生追
加費用。.

靜謐的山谷村莊之旅

如果跳上巴士往北方前進，不知不覺間
窗外的風景便改變了。當巴士在終點
站，那個從市區看來，只覺得遠得要命
的山中小村莊「大原」停了下來。原先
在市區拿著地圖，不停參觀打轉的遊客
們，腳步也變得悠閒。田裡工作的婦
女，也抬頭對遊客展露笑顏。在大原，
某個人的日常，與我的旅程交錯，渾然
天成地化作一體，時間也在此時緩慢流
逝著。

三千院 さんぜんいん

三千院是在782~806年間建造的天台宗
門跡寺廟。一開始是在比叡山，後來在
長久歲月的不斷遷移下，到了明治維新
之後，終於在1871年落腳在大原，並
得名三千院。因為腹地廣大，如果想好
好逛一圈的話，至少需要1小時以上。
院內有兩個庭園，其中一個是「聚碧
園」，它是利用蓮池與岩石，佈局精妙
絕美的立體式庭園。另一個則是「有清
園」，以大片杉木及楓樹為主的庭園，
在有清園綠意盎然的青苔上，四處散落
放置著小巧可愛的「童地藏（わらべ地
藏）」，令見到的旅客都會心一笑。初
夏水菊盛開，以及秋葉楓紅時節，院內
美得令人沉醉。

⌂ 京都市左京区大原来迎院町540
◉ 35.1197, 135.83433 ☎ 075-744-2531
🕐 3月至12月7日 08:30-17:30；
12月8日至隔年2月 09:00-17:00
💴 成人￥700；國中、高中生￥500；國小生￥150
🏠 sanzenin.or.jp　Map → ⑧ - C - 4

寂光院 じゃっこういん

關於它的起源，據説是594年「聖德太
子」為了祭奠父親（用明天皇）所建造
的，而這也是較為可信的説法。首任住
持是聖德太子的乳母，也是日本第一位
比丘尼「惠善尼」。位於本堂西側的庭
園，曾在《平家物語》中登場過，目前
院內還有一座小型的展覽館。

⌂ 京都市左京区大原草生町676
◉ 35.1241, 135.82104 ☎ 075-744-3341
🕐 09:00-17:00(12月至2月 16:30)
1月1日至3日 10:00-16:00
💴 高中生以上￥600；國中生￥350；國小生￥100
🏠 jakkoin.jp　Map → ⑧ - C - 4

宝泉院
ほうせんいん

從三千院再往裡直走到底，大約5分鐘左右，便可以看到寶泉院了。雖然並不雄壯和華麗，但卻是一處寧靜悠閒的好地方。樑柱配置得很巧妙，讓「額緣庭園」看起來，就像是畫框裡的畫一樣美麗。還有一棟樹齡高達700多年的老松樹。入場費包含一杯抹茶及和菓子。

- ⊙ 京都市左京区大原勝林院町187
- ⊚ 35.12135, 135.834
- ☎ 075-744-2409 ⏱ 09:00-17:00
- ⊜ 成人￥800；高中生、國中生￥700；國小生￥600（提供茶、和菓子）
- ⌂ hosenin.net Map → ⑧ - C - 4

味噌と大原温泉 民宿 大原の里
オオハラノサト

和大原山莊一樣都是民宿，雖然較為老舊，但因為日歸溫泉使用時間較長，所以非常便利。在加入味噌的高湯中，放入肉片、蔬菜等等汆燙來吃，像在吃涮涮鍋一樣的「味噌涮涮鍋」，它也是這種料理的創始店。

- ⊙ 京都市左京区大原草生町31 ⊚ 35.12304, 135.8225
- ☎ 075-744-2917 ⏱ 當日往返溫泉使用 11:30-18:00
- ⊜ 味噌涮涮鍋定食￥3,600；入浴料￥100；毛巾租借需付費 ⌂ oohara-no-sato.co.jp
- Map → ⑧ - C - 4

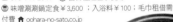

大原温泉 湯元のお宿 民宿 大原山荘
おおはらさんそう

附有溫泉的民宿。與日式旅館不同，而是寄宿在一般民房中，因此必須使用公共浴室及餐廳。2015年7月重新整修之前，客房擺設十分簡單。民宿內部有公共浴場和露天溫泉，如果是當日往返的話，不能只泡湯，必須要點餐點。

- ⊙ 京都市左京区大原草生町17
- ⊚ 35.12383, 135.82196
- ☎ 075-744-2227
- ⏱ 當日往返溫泉使用 11:30-15:30
- ⊜ 日式飯糰定食￥1,600；入浴料￥100；毛巾租借需付費
- ⌂ ohara-sansou.com Map → ⑧ - C - 4

大原的美食店

OHARA River side café KIRIN
リバーサイドカフェキリンらいとなり

從大原巴士站牌往寂光院方向走，就會看到這一家咖啡廳。但它並非只是單純的咖啡廳，而是相當於本地人的廚房，對旅客而言，則是了解大原魅力的代言者。午餐套餐是日式飯糰定食，會附上京都家常小菜（おばんざい）。使用在大原這種純淨的大自然中生長的食材，看得出店家在突出食材原味方面，下了很大的工夫。

- ⊙ 京都市左京区大原来迎院町114
- ⊚ 35.11986, 135.82773 ☎ 075-744-2239
- ⏱ 11:30-16:30 星期三公休 ⊜ 日式飯糰午間定食￥1,500 ⌂ ohara-kirin.com Map → ⑧ - C - 4

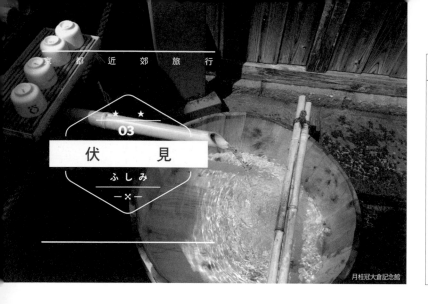
京都近郊旅行

★ ★ ★
03
伏見
ふしみ
—×—

月桂冠大倉記念館

從市區到伏見的方法

由京都駅出發

在JR京都駅的第8、9、10號月台，搭乘奈良線電車，在「桃山駅」下車。車資￥240。

在近鐵京都駅，搭乘近鐵京都線電車，在「桃山御陵前駅」下車。車資￥260。

由河原町出發

在祇園四条駅，搭乘京阪本線電車，在「中書島駅」下車。車資￥270。

水清酒醇的清酒之鄉

有清冽的好水，自然就能釀出香醇的好酒。在這個鴨川、桂川、宇治川交匯，地下水礦物質豐富的伏見，也正是日本代表性的清酒生產地。在完整保留舊時原貌的釀酒廠裡走走逛逛，再嚐一嚐熱騰騰的酒粕拉麵，讓你在享受日本美酒的同時，連解酒都順道解決了。

寺田屋 てらだや

終結幕府體制，揭開日本走上現代化國家序幕的英雄，就是「坂本龍馬」。但對我們而言，卻是因為「司馬遼太郎」所著的《龍馬來了》，而對這個名字感到熟悉。在幕府末年的劇變期，千年古都京都裡，發生了許多扭轉歷史的大事件，而龍馬便站在這時代變遷的中心。1866年1月，幕府的官吏們，襲擊了住宿在寺田屋的龍馬，這便是史上的「寺田屋事件」。而寺田屋這個歷史事件發生的舞台，也在1868年消滅後重建，直到今日仍被龍馬粉們津津樂道，並視為聖地之一。如果你對日本歷史有興趣的話，不妨去讀一讀《龍馬來了》這部小說，再來這裡看看吧！

🏠 京都市伏見区南兵町263
📍 34.9304, 135.75957
☎ 075-622-0243　🕐 10:00-15:40
💰 成人￥400；大學生以下￥300；小學生￥200
Map → ⑨ - E - 2

月桂冠大倉記念館 げっけいかんおおくらきねんかん

月桂冠大倉記念館，是在1909年由一間酒窖改建，並於1982年開幕的。這裡不僅僅見證了日本代表性清酒製造廠「月桂冠」的歷史，同時也是伏見區的釀酒歷史。在這裡，它會以輕鬆簡單的方式，向您介紹日本酒的歷史及文化。展品很豐富，建築也很有韻味，可以隨意拍照。只要付入場費，就附贈一個180ml的小清酒紀念瓶（未成年者則是明信片）。也提供兩種清酒及葡萄酒等，三種酒的試飲。

🏠 京都市伏見区南浜町247　📍 34.92913, 135.76161
☎ 075-623-2056　💰 成人￥300；中學生以上￥100
🕐 09.30-16:30(最後入場16:15) 八月連休及年底連休時休館
🏠 www.gekkeikan.co.jp/enjoy/museum　Map → ⑨ - E - 2

松本酒造 まつもとしゅぞう

超過200年歷史的造酒廠。原本在東山區，於1922年才搬來此處。磚造的釀酒廠，是政府指定的「近代化產業遺產」。到了四、五月時，酒廠前小溪的兩側，就會開滿了油菜花，襯得紅磚廠房更加吸引人。

🏠 京都市伏見区横大路三栖大黒町7
📍 34.93332, 135.75428　Map → ⑨ - D - 1

玄屋 げんや

這裡就是能吃到著名「酒粕拉麵」的店家。包含月桂冠大倉記念館在內，當逛完伏見區的釀酒廠之後，來在此用餐剛剛好。以雞高湯作為湯底，混合月桂冠的酒粕及醬油，湯頭帶著淡淡的酒香。

🏠 京都市伏見区東組町698パークテラス桃山1F
📍 34.93518, 135.76105
☎ 075-602-1492　🕐 11:30-19:30 星期四公休
💰 酒粕拉麵￥800
Map → ⑨ - E - 1

京 都 近 郊 旅 行

★☆★
04
大山崎
おおやまざきちょう
―×―

從市區去大山崎的交通方式

從京都駅出發
從JR京都駅，搭乘東海道本線列車，於「山崎駅」下車，車資￥220。

從四条河原町出發
從阪急河原町駅，搭乘阪急京都線列車，於「大山崎駅」下車，車資￥270。

三得利山崎蒸溜所

啤酒VS威士忌

大山崎這個村莊，就大約位於大阪與京都中間。離京都近的那邊，有朝日（ASAHI）啤酒美術館；而離大阪近的那邊，則是三得利（SUNTORY）的威士忌蒸餾所，實在是相當有趣。就算是慢慢逛，半天的時間也夠了，建議在往返京都或大阪途中，可以順道過來看看。

サントリー 山崎蒸溜所
やまざきじょうりゅうしょ

1923年開幕的「三得利山崎蒸溜所」，是日本最早的單一麥芽威士忌蒸餾所，可以說是日本威士忌的聖地。在將近百年的歲月中，日本漸漸成長，目前與蘇格蘭、愛爾蘭、美國及加拿大，同為世界五大威士忌製造國。探訪蒸餾所的方法，便是參加它們的導覽，有兩種自由參觀的行程。如果想參觀製酒工廠，就選擇80分鐘的「大山崎蒸溜所導覽」，或是100分鐘的「The story of YAMAZAKI山崎誕生的故事」。可以提前三個月在網頁上預約，在日文介紹中，也會提供英文版語音導覽，不允許未成年者同行。在自由參觀時，只能進入展覽廳及威士忌館，威士忌館一樓的試飲區內，不只備有三得利的酒，也有來自世界各地70餘種威士忌。如果在試飲區或紀念品店購買酒精類商品的話，必須提供身份證明，所以要記得帶護照喔。

🏠 大阪府三島郡島本町山崎5-2-1
📍 34.89235, 135.67441 ☎ 075-962-1423
🕐 10:00-16:45(最後入場時間 16:30) 年底連假、工廠公休日休館 🍷 大山崎蒸溜所導覽￥1,000；
The story of YAMAZAKI山崎誕生的故事￥2,000；
威士忌館免費參觀 免費
🏠 suntory.co.jp/factory/yamazaki
Map → ⑩ - D - 4

アサヒビール大山崎山荘美術館 あさひびーる おおやまざきさんそうびじゅつかん

朝日（ASAHI）啤酒大山崎山荘美術館原本是企業家「加賀正太郎」的別墅。他是朝日啤酒初次社長「山本為三郎」的摯友，也是因為這個緣故，當這裡在面臨拆除的命運時，由朝日啤酒買下，並打造成了美術館。美術館一共有三棟建築，原本是正太郎別墅的本館，於1932年落成。建築內部至今還能一窺當時的生活狀況，二樓的露台還可以看到京都與大阪之間，三江流淌的景色。地中館（地中之珠寶盒）是美術館開館當時的1996年建立的，2012年則又增建了一棟山邊館（夢之箱），總共三館。地中館與本館間有走道相通，山邊館則是安藤忠雄設計的作品，其中收藏品幾乎大部分都是由山本所捐贈的，目前常設展覽著莫內的三幅睡蓮畫作。

🏠 京都府乙訓郡大山崎町銭原5-3
📍 34.89554, 135.67963 ☎ 075-957-3123
🕐 10:00-17:00 星期一休館，另外在展品交替期間，也會不定期暫時休館
🎫 成人￥900；大學生、高中生￥500
🏠 asahibeer-oyamazaki.com
Map → ⑩ - E - 4

大山崎 COFFEE ROASTERS オオヤマザキコーヒーロースターズ

京都市區許多不自己烘豆的咖啡廳，都是從這裡進貨的。那些對咖啡有過人造詣的專家們都異口同聲對這家店讚不絕口。雖然它沒有另外經營販賣部及咖啡廳，但每週四及週六，烘豆坊都會對外開放。

🏠 京都府乙訓郡大山崎町大山崎尻江56-1
📍 34.89552, 135.68588 🕐 星期四、六 10:00-15:00
🏠 oyamazakicoffee.com
Map → ⑩ - F - 4

TRANSPORTATION

一天之中數十架班機
飛行時間只要2小時35分！

" 旅行準備的起點，就是預約機票
一步一步，一點一點地準備去京都旅行吧。 "

(搭乘飛機)

關西國際機場

想去京都，就要經由大阪的關西國際機場才行。1994年啟用的關西國際機場，是建立在島嶼上的機場，從早到晚，數百架航班此起彼落之處。機場分第一及第二航廈，除了以大阪為樞紐基地的樂桃航空之外，只有春秋航空、濟州航空等三家公司利用第二航廈營運。其他所有航班都會在第一航廈起降。第一航廈配置有旅客服務中心在內，各種豐富的便民設施，前往大阪、京都、神戶等的列車、機場巴士、計程車等，都可以在第一航廈搭乘。第一及第二航廈之間，也有免費的接駁巴士往返。

www.kansai-airport.or.jp

也可以選擇高雄國際機場

長榮航空、中華航空、台灣虎航、酷航以及樂桃航空，都有航班飛行於高雄國際機場及關西國際機場之間。只是票價比起從桃園機場前往的航班稍貴，班次的選擇也有限。

機票的價格是？

端看何時購票？以及選擇哪個航班？在價格上可謂是天差地別！並非越早訂票越便宜，唯有掌握各航空公司，尤其是廉價航空的促銷期間，運氣好的話，就能在加計機場使用費及燃料附加費後，訂到3,000元以下的來回票。平時就要多關注航空公司網站、SNS等資訊！如果想搭乘大型航空公司，預算不妨訂在8,000～15,000元之間。

要飛行多長時間？

從桃園國際機場需要2小時35分；從高雄國際機場則要3小時。實際飛行時間，還要視當天情況，而有些微的差異。
為了更游刃有餘地辦理出國手續，務必提前兩小時抵達機場，若是遇到節假日，就要再多預留一些時間。

如何選擇起落時間？

從早到晚上共有數十架航班，於桃園國際機場及關西國際機場之間往返。為了儘可能延長在當地的滯留時間，雖然最好選擇清晨出發，下午回國的航班。但仍應該依據個人的行程，以及前往機場的交通時間不同，仔細考慮起飛時間，如果只顧延長滯留當地的時間，而一股腦地選擇清晨的航班，説不定就會面臨在桃園國際機場露宿的慘況。

TRANSPORTATION

從關西國際機場
到京都駅

> 搭上鐵路列車吧！從關西國際機場到京都，最方便快速的方
> 式，便是JR特急遙遠號（はるか，HARUKA）列車。

http://www.jr-odekake.net

ICOCA & HARUKA套票

ICOCA & HARUKA套票，顧名思義就是包含HARUKA單程或來回優惠票，以及一張交通工具和便利商店通用的儲值卡ICOCA的組合套票。若從關西機場到京都的話，套票價格是￥3630，HARUKA優惠票只能坐自由席，如果是指定席或彩繪列車的話，就必須加費。ICOCA卡中包含了￥1500儲值金，以及￥500保證金。雖然可以網上預約，但不管你是預約或是現場購票，都得在關西機場的JR票務窗口排隊，所以現場買也沒關係。

關西機場駅－京都駅
普通單程 票價
￥2,900

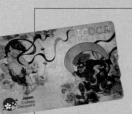

ICOCA退卡
ICOCA內的￥500保證金是可以退還的，但是如果卡片還有餘額的話，就必須扣除￥220的手續費，所以在退卡之前，最好先將卡內餘額花光再去，但如果未來還有計畫來關西，也沒必要非得退卡，下次再想購買HARUKA套票時，只要出示已持有的ICOCA卡片，照樣能以優惠價購買HARUKA車票。

關西機場駅－京都駅
HARUKA折扣券（限持有 ICOCA卡）單程優惠票價
￥1,630

搭乘JR特急遙號（HARUKA）列車

1 ──→
找到關西國際機場第一航廈二樓的JR票務窗口。

2 ──→
購買ICOCA&HARUKA套票。如果滯留14日以上，就選擇單程票；不滿14日的話，可選擇來回票。購買來回票時，必須指定回程日期。

3 ──→
找到自由席後入座。車程約需75分鐘，因為是終點站，所以不怕坐過站，好好休息吧。

4 ──→
朝對面的檢票口前進。車票通過檢票口時，就會印上日期，收取後要小心保管。

搭乘巴士前往！

www.keihanbus.jp/limousine

搭乘巴士比火車耗時更長，而且費用也更貴。到第一航廈一樓的8號站牌即可搭乘。它在經過京都駅後，還會繼續續行四条通等市中心的各個站點。如果你的行李很多，這也是值得考慮的交通工具。

關西機場－京都市區	
成人單程	￥2,300
成人來回	￥4,100 (14日內有效)

TRANSPORTATION

京都市區交通 I
巴士

> 在京都市區，使用哪種交通工具最便利呢？
> 毫無疑問，正是巴士！

在京都搭乘巴士

http://www.city.kyoto.lg.jp/kotsu

1 ----→
與台灣搭乘方式略微不同，是後門上車、前門下車並支付車資的系統。

2 ----→
均一區間的車輛一律￥230，調整區間的車輛則有所不同。

3 ----→
車資可使用現金、回數票、ICOCA等IC卡、巴士一日乘車券等，各種方式來支付。

4 ----→
支付現金時不找零，需特別注意。若身上只有紙鈔也沒關係，公車上都有兌幣機提供換幣服務，最多可投入￥1,000的紙鈔。

5 ----→
如果搭乘調整區間車輛的話，後門上車時須抽取整理券（為了確認上車的站牌，是一張上面印有數字的紙），若使用IC卡，則須感應。

6
上下班時間，以及五月黃金連假等，四條河原町、祇園、清水寺等周邊，人潮、車潮絡繹不絕，常會出現塞車情況，因此即使到了站牌上標示的時間，車子卻還沒到站的情況經常出現。

巴士的種類

市巴士

由京都市交通局經營的巴士，不只是旅客，也是京都當地居民的雙腳。大部分的景點，幾乎都能靠搭乘市巴士抵達。

京阪巴士

由京阪集團所經營的巴士。若非去將軍塚或比叡山，幾乎是用不到的。不可使用巴士一日乘車券。

京都巴士

調整區間系統的巴士。在市區內幾乎用不到，但若要去大原，或是大覺寺等外圍區，就很有用。

巴士路線看板的情報

路名　　　目的地

西大路通
金閣寺・北大路バスターミナル（地下鉄 北大路駅）　**205**
Kitaoji Bus Terminal Via Kinkakuji Temple

路線顏色

節省交通費的好用巴士票

成人票券價格￥600（兒童￥300），只要搭乘巴士三次以上，購買這張一日券就划算了。可至京都駅前的票務窗口或是自動販賣機購買。甚至也可以直接在巴士上向司機購買。市巴士與京都巴士都可以搭乘。第一次使用時，須插入付款機過卡，卡片上就會印上日期，之後每次搭車，在下車時，只要向司機出示票券日期即可。

巴士一日乘車券
市バス・京都バス一日乗車券カード
成人 ￥**600** 兒童 ￥**300**

TRANSPORTATION

京都市區交通 II
地鐵、嵐電、叡山電鐵、計程車

> 並非只有巴士，京都也有其他的方式通行。巴士無法抵達的京都各處，
> 就改搭乘地鐵、嵐電、叡山電鐵或計程車吧！

京都的地下鐵

http://www.city.kyoto.lg.jp/kotsu

京都有烏丸線及東西線兩條路線。車資從¥210起跳，最多¥350。因為巴士路線四通八達，通常是用不到地下鐵的，但若是遇到塞車時段，搭乘地鐵卻比較快速方便。搭乘地下鐵的方式，與台灣並無二致。

只要不是塞車時段，幾個人想去近的地方時，我很推薦搭計程車。

計程車

因為京都的巴士比地鐵更發達，所以路上很容易塞車。只要不是塞車時段，幾個人想去近的地方時，我很推薦搭計程車。需注意計程車的門是自動開啟的。

基本里程（1.5公里以下）中型車¥650、小型車¥630。

叡山電鉄

eizandensha.co.jp

以山町柳駅為起點，向京都北方奔馳的列車。在賞楓季時，會運行在各個熱門景點之間。能抵達一乘寺、修學院離宮、比叡山、鞍馬等風景區。尤以「市原駅」與「二之瀨駅」間的「紅葉隧道」，從車窗眺望楓葉，一覽無遺，美得令人陶醉。

車資從¥210起跳，最高至¥430。

嵐電

randen.keifuku.co.jp

若說東京近郊的江之島上，有一條著名的江之電，那在京都，就是嵐電了。只有一節或兩節的可愛小嵐電電車，當你想去西北部的景點時，是非常便利的。車資為全區間¥220，跟搭巴士一樣，從前門下車並支付車資。共有從「四條大宮駅」到「嵐山駅」的「嵐山本線」；以及從途經和仁寺以及龍安寺的「北野線」兩條路線。

好用的票券

嵐電一日自由票	巴士、嵐電一日乘車券
嵐電1日フリーきっぷ	市バス·京都バス·嵐電一日乘車券カード
成人 ¥700　兒童 ¥350	¥1,100（只有成人）

以山町柳駅為起點，向京都北方奔馳的列車。

Main Spot
Shop
Cafe
Restaurant
Onsen
Bar
Hotel

K Y O T O

MAP

京都

近郊

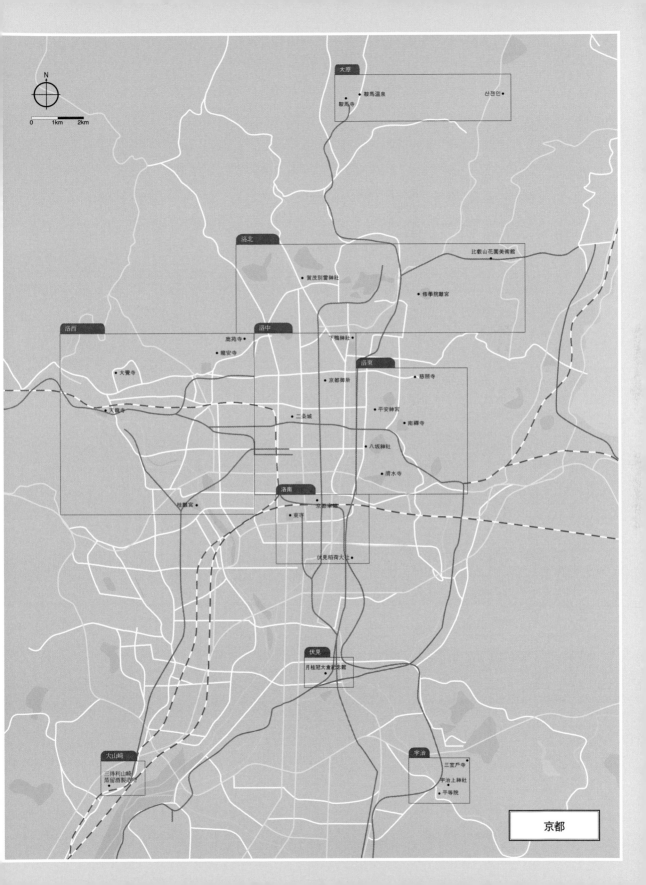

京都

洛東
らくとう

D   E   F

N

0   50m   100m

1

本家尾張屋 本店

Shirohato Bakery
しろはとベロカリロ

御池通   御池通   御池通

京都市役所前駅

烏丸御池駅   姉小路通   姉小路通

三条大橋

職人.com

寿しのむさし 三条本店   進々堂 三条河原町店   THE PRIME POD KYOTO

70B ANTIQUES   サラサ麩屋町PAUSA

三条通   三条通   三条通

Fabulous   松本清マツモトキヨシ

Inoda coffee
イノダコーヒ 本店

2

頂法寺 六角堂   PIECE HOSTEL SANJO   Khaos Spicediner
カオススパイスダイナー   Mina Kyoto

The Millennials Kyoto

Wälder
ワルダー   MUSEUM OF KYOTO GOKOMACHI

WEEKENDERS COFFEE 富小路   mumokuteki antique&repair   京都 BAL

Bamtera
ばんてら

mumokuteki cafe&foods   豚屋とん一 京都寺町店

TRAVELING COFFEE

SOWGEN 四条店

コミカプ 京都新京極店

錦市場   錦一葉   錦天満宮   スギ薬局   先斗町

3

sour

らーめん千の風

大丸 京都   益や酒店   よーじや本店

すいば 四条河原町店

阪急 烏丸駅   四条通   四条通   阪急 河原町駅   四条河原町   四条大橋

東急ハンズ 京都店   京都マルイ   MonoArt coffee roasters

フランソア喫茶室

京都 高島屋

四条駅   カラヒカレー   レボリューションブックス

711 nokishita711

Okaffe KYOTO

居酒屋あんじ

4

cafe marble 仏光寺店   仏光寺通   喫茶上る

Bar Rocking chair

3

四条河原町

しじょうかわらまち

D&DEPARTMENT KYOTO by 京都造形芸術大学

D   E   F

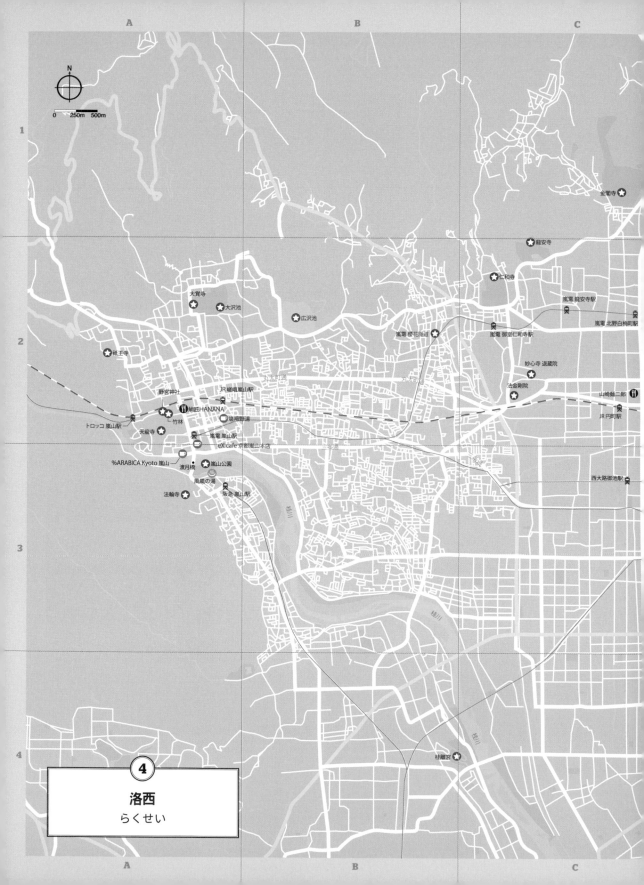

洛西
らくせい

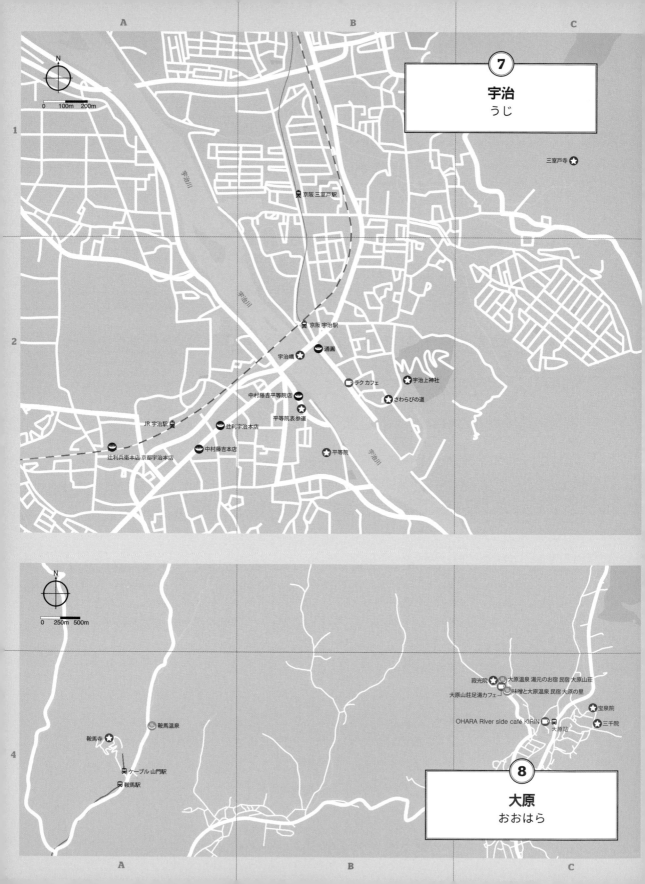

N

100m 200m

1

2

A

B

C

⑦

宇治
うじ

宇治川

三室戸寺 ⭐

京阪 三室戸駅 🚉

京阪 宇治駅 🚉

宇治橋 ⭐ 通圓 🍜

ラク カフェ 📖 宇治上神社 ⭐

中村藤吉平等院店 🍜 さわらびの道 ⭐

JR 宇治駅 🚉 辻利宇治本店 🍜 平等院表参道 ⭐

辻利兵衛本店 京都宇治本店 🍜 中村藤吉本店 🍜 平等院 ⭐

N

0 250m 500m

4

A

B

C

⑧

大原
おおはら

寂光院 ⭐ 🍜 大原温泉 湯元のお宿 民宿 大原山荘

大原山荘足湯カフェ 🍜 味噌と大原温泉 民宿 大原の里

OHARA River side café KIRIN 宝泉院 ⭐

大原バス 🚉 三千院 ⭐

鞍馬温泉 ♨

鞍馬寺 ⭐

ケーブル 山門駅 🚉

鞍馬駅 🚉

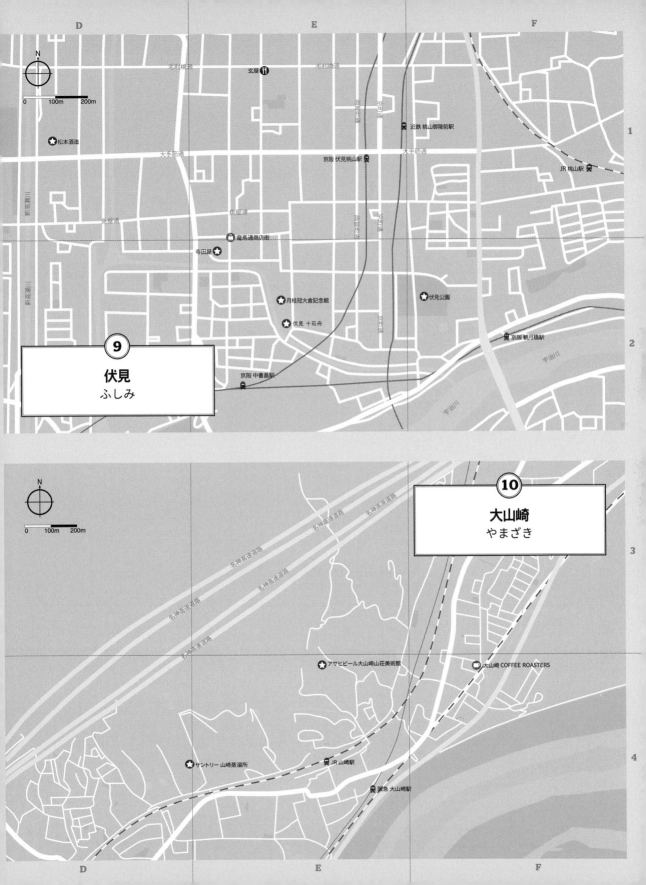

D   E   F

N

0   100m   200m

玄屋 🍴

毛利橋通

近鉄 桃山御陵前駅

京阪 伏見桃山駅

大手筋通

松本酒造

大手筋通

JR桃山駅

1

竜馬通商店街

寺田屋

月桂冠大倉記念館

伏見 十石舟

伏見公園

京阪 観月橋駅

宇治川

2

⑨
伏見
ふしみ

京阪 中書島駅

N

0   100m   200m

名神高速道路

名神高速道路

⑩
大山崎
やまざき

3

アサヒビール大山崎山荘美術館

大山崎 COFFEE ROASTERS

サントリー 山崎蒸溜所

JR山崎駅

4

阪急 大山崎駅

D   E   F

國家圖書館出版品預行編目資料

Tripful 京都 / 梁美錫著；李少酉譯. ——初版——新北
市：晶冠，2018.12
面；公分. ——（easy & books；1）

ISBN 978-986-97438-7-7（平裝）

1. 旅遊　2. 日本京都市

731.75219　　　　　　　　　　　　108021279

Tripful 트립풀 Issue No.5 교토©2018 by YANG MI SUK
All rights reserved
First published in Korea in 2018 by EASY&BOOKS
This translation rights arranged with EASY&BOOKS
Through Shinwon Agency Co., Seoul and Keio Cultural Enterprise Co., Ltd.
Traditional Chinese translation rights ⓒ 201X by Ace Publishing Company

easy & books　01

Tripful 京都

作　者	梁美錫 （양미석 Misuk Yang）
翻　譯	李少酉
副總編輯	林美玲
校　對	謝函芳
美術設計	김영광 （YOUNGKWANG KIM）
插　畫	김 달로 （DALLOW KIM）
出版發行	晶冠出版有限公司
電　話	02-7731-5558
傳　真	02-2245-1479
E-mail	ace.reading@gmail.com
部落格	http://acereading.pixnet.net/blog
總代理	旭昇圖書有限公司
電　話	02-2245-1480 （代表號）
傳　真	02-2245-1479
郵政劃撥	12935041 旭昇圖書有限公司
地　址	新北市中和區中山路二段352號2樓
E-mail	s1686688@ms31.hinet.net
旭昇悅讀網	http://ubooks.tw/
印　製	天印印刷有限公司
定　價	新台幣380元
出版日期	2019年12月 初版一刷
ISBN-13	978-986-97438-7-7

版權所有・翻印必究
本書如有破損或裝訂錯誤，請寄回本公司更換，謝謝。
Printed in Taiwan

BE FILLED WITH TRIP

TRIPFUL以新鮮、愉悅、舒適等，在旅行中可以獲得的各種情感，
帶來生活中的靈感，並願旅遊永存你心。
在專屬TRIPFUL的帶領下，
你會完全沉浸在美好的旅遊並重新認識世界，
透過所有感知，將這趟遠行留在記憶中。